Thomas Bannenberg
Selbermachen! Yoga mit Yogichi
(1. Auflage)

Kurztitelaufnahme der Deutschen Nationalbibliothek
Bannenberg, Thomas: Selbermachen! Yoga mit Yogichi
– 1. Auflage, 2011 – ISBN 978-3-927400-32-0 – PB.

Stand Januar 2011

www.kinderyoga-akademie.de

Illustrationen: Beate Glet
Umschlaggestaltung und Satz: Bannenberg Verlag, Heidelberg
Druck: leibi-druck, Neu-Ulm
Printed in Germany

ISBN 978-3-927400-32-0

Thomas Bannenberg
Illustrationen Beate Glet

Selbermachen!
Yoga mit Yogichi*

Das illustrierte Yoga-Buch
für Menschen ab 5 Jahren.

* Yogichi, gesprochen: „Yogi:tschi“

Vorwort

Liebe/r ______________________________ ,
(hier kannst Du Deinen Namen eintragen)

schön, dass Du Dir von Yogichi, dem schlauen Äffchen, zeigen lässt, wie Du Yoga machen kannst.

Du kannst dieses Buch ganz alleine benutzen. Denn Yogichi wird Dich durch verschiedene Übungsreihen führen, die Du einfach gleich mitmachen kannst.

Was vorher zu beachten ist, steht auf der nächsten Seite.

Danach folgen die Reihen: schaue Dir jeweils die Bilder an und mache nach, was Yogichi Dir dort vormacht!

Yoga ist kein Wettbewerb, deshalb muss nicht alles sofort klappen. Probiere die Übungen aus und spüre, was Dir gut tut und gefällt.

Wir wünschen Dir ganz viel Spaß und Freude bei Deinem Yoga!

Thomas Bannenberg + Yogichi + Beate Glet

Yoga mit Yogichi

Bevor du übst

Wo kann ich üben?

Du kannst zu Hause überall die Yoga-Haltungen üben, wo Du Dich wohlfühlst. Du brauchst eine freie Fläche zum Sitzen, Stehen und Liegen, die ungefähr zwei auf zwei Meter groß ist. Und es ist natürlich hilfreich, wenn Du einen Raum zum Üben hast, in dem Du ungestört bist. Spreche Dich mit den anderen Menschen bei Dir zu Hause ab, damit Du in Ruhe üben kannst.

Wann ist die beste Zeit zum Üben?

Eine „beste Zeit" gibt es eigentlich nicht. Im Einleitungstext zu jeder Reihe in diesem Buch findest Du aber einen Hinweis auf günstige Zeiten.

Essen und Üben

Da einige Übungen den Bauch zusammendrücken, ist es immer ratsam, nicht direkt vor dem Üben zu essen. Nach einem warmen Essen zum Beispiel solltest Du ca. 1,5 Stunden warten, bevor Du Yoga übst.

Schlafen und Üben

Bei einigen Reihen findest Du einen Hinweis, welche Haltung zum Schluss geübt werden soll, falls Du erst später am Nachmittag bzw. Abend zum Üben kommst. Manche Haltungen entspannen ganz prima, andere Yogahaltungen sind aber richtige Muntermacher. Und danach ist es dann schwer einzuschlafen. Achte auch darauf, wie Dein Körper auf die Übungen reagiert.

Mit welcher Reihe aus diesem Buch soll ich anfangen?

Wenn Du bisher noch kein Yoga geübt hast, so sind die ersten drei Reihen für Dich sehr gut geeignet. Du lernst einige Haltungen kennen, die auch in den anderen Reihen vorkommen. Wenn Du nur wenig Zeit zum Üben hast, sind die drei ersten Reihen ebenfalls gut geeignet, weil Du nur ca. 10 Min. dafür brauchst.

Wie komme ich in die Haltungen?

Mache es einfach Yogichi nach. Falls Dir das nicht so ganz klar ist, gibt es ab Seite 86 für jede Reihe eine ausführliche Beschreibung jeder einzelnen Haltung – mit Bild.
Denke immer daran: Es geht nicht darum, dass Du eine Haltung genau so nachmachst, wie Yogichi sie zeigt. Sondern es geht darum, dass Du versuchst, in die gezeigte Haltung zu kommen. Gehe dabei nur so weit in die Haltung, wie es sich für Dich gut anfühlt.
Jeder Mensch ist anders, deshalb sieht Yoga bei jedem ein bisschen anders aus als auf den Bildern mit Yogichi.

Wie lange soll ich in der Haltung bleiben?

Bleibe so lange in der Haltung, wie es sich für Dich angenehm und gut anfühlt. Die Dauer oder Länge, in der Du in der Haltung bist, ist nicht wichtig. Versuche einfach nur zu spüren, wie sich das anfühlt, wenn Du in die Haltung gehst, die Dir Yogichi vormacht.
Solltest Du tatsächlich mal Schmerzen spüren, so löse sofort, aber bitte langsam die Haltung wieder auf. Dann lege oder setze Dich hin. Atme ruhig weiter. Wenn es nicht bald besser wird, lasse Dir von jemand helfen, der bei Dir ist.

Atmen beim Üben?

Ja, bitte atme immer gleichmäßig ein und aus. Auf keinen Fall halte die Luft an! „Luft anhalten" machst Du nur beim Tauchen. Beim Üben der Yoga-Haltungen lass' den Atem einfach „fließen", wie die Yogis sagen. Das heißt: Atme ein, so wie Du es brauchst und lasse dann den Atem wieder heraus mit der Ausatmung. Und dann atmest Du wieder ein und aus und ein und aus und so weiter.

Worum geht es beim Üben der Yoga-Haltungen?

Beim Yoga geht es nicht um Kraft und Ausdauer, sondern darum, zu spüren, wie sich das anfühlt, was Du machst. Also, heißt die Übung der „Berg", dann stell' Dir vor, Du selbst bist ein Berg. Wie sieht Dein Berg aus? Welche Form hat Dein Berg? Wie hoch ist er? Wie breit ist er unten? Steht er alleine in einer Landschaft oder sind da noch andere Berge?
Mit diesen Gedanken gib mit Deiner Körperhaltung Deinem Berg Gestalt.
Nutze Arme und Beine, strecke Dich im Rücken. Wie siehst Du als Berg aus?
Und jetzt: Wie fühlst Du Dich als Berg? Atme dabei ein und aus und ein und aus und wenn Du alles deutlich spürst, dann komme aus dieser Haltung heraus und schaue, was Yogichi Dir als nächstes zeigt.

Die erste Reihe: Alles im Stehen

Diese Reihe ist die kürzeste von allen.

Die Übungen machen Dich frisch und geben Dir neue Energie.

Du kannst mit dieser Reihe prima am Morgen in den Tag starten oder Dich bereit machen für die Hausaufgaben am Nachmittag.

Außerdem kann Dir diese Reihe dabei helfen, Sorgen loszulassen.

Die Positionen kannst Du auch gut draußen üben!

Ab Seite 88 findest Du eine ausführliche Beschreibung dieser Reihe.

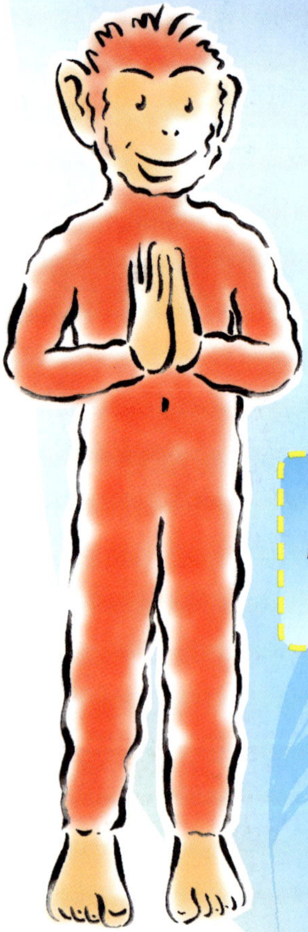

Namaste

Der indische Yoga-Gruß „Namaste", bedeutet soviel wie „Ich begrüße das Lebendige in Dir".

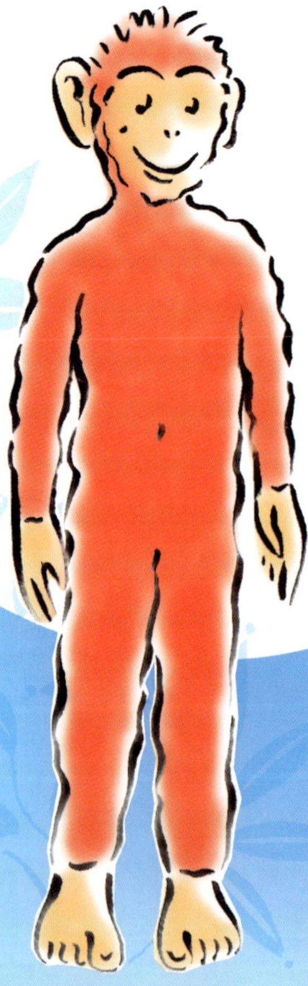

Aufrechter Stand

Halbmond

Schiebe Dein Becken nach rechts
und dann nach links heraus, soweit es geht.
Übe jede Seite 2x.

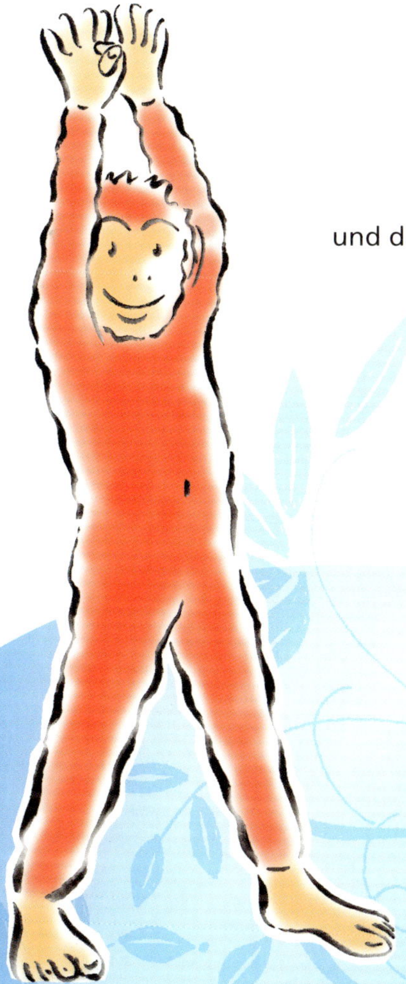

Verschränke die Daumen

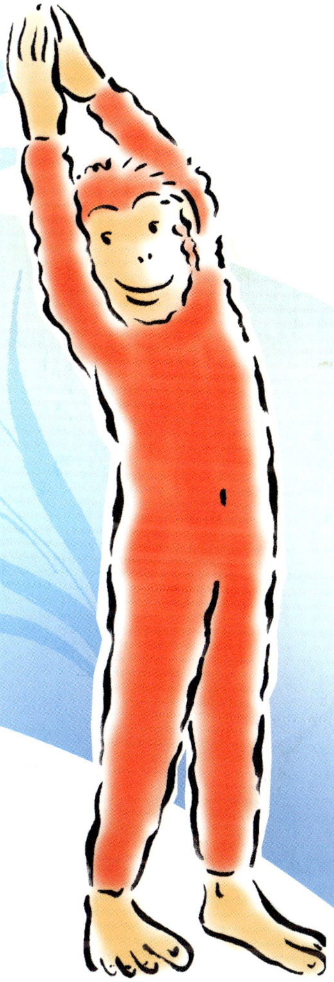

Die erste Reihe: Alles im Stehen

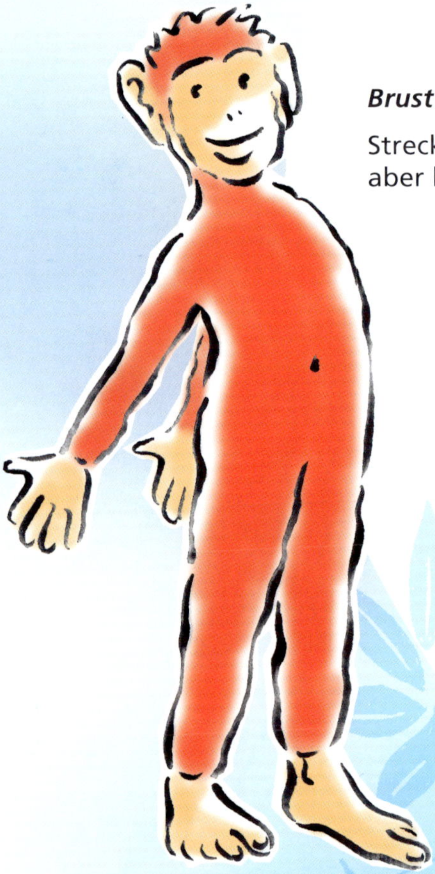

Brust öffnen

Strecke Deine Brust nach oben,
aber bleibe aufrecht im unteren Rücken.

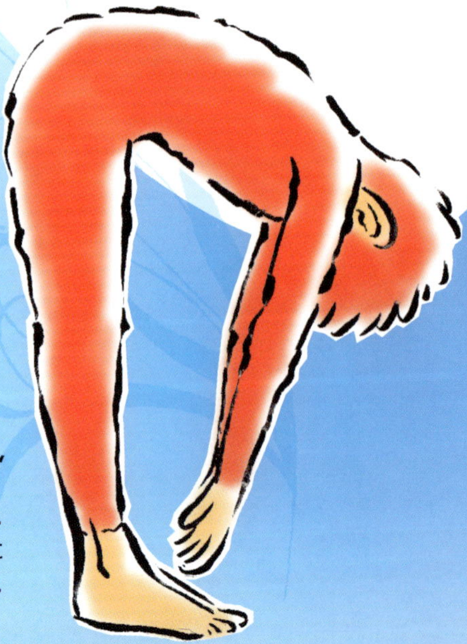

„Loslassen, abgeben"

Lasse Kopf, Schultern und Arme hängen.
Zurück: in den Knien einknicken und mit den Beinen hochdrücken.

Buchstabe Y

(wie „**Y**oga") –
„Positive Energie aufnehmen".

Kugel-Konzentration

Bringe die Fingerspitzen zusammen, so als ob Du eine imaginäre Kugel umschließen würdest. Versuche die Berührung aller Fingerspitzen zu spüren. Atme ruhig dabei und halte für ca. 10 Atemzüge.

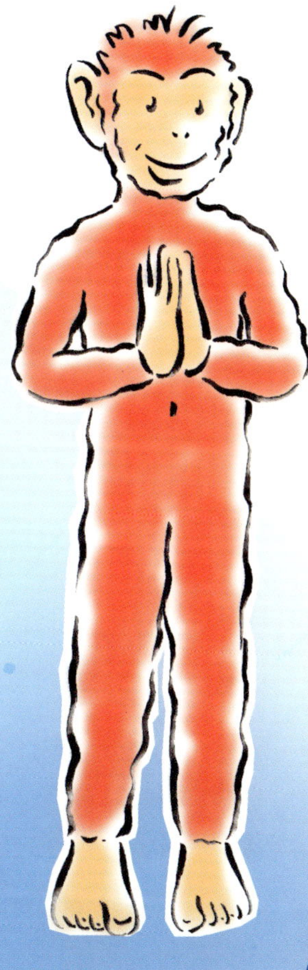

Zum Schluss: Namaste!

Die zweite Reihe: Dehne und strecke Dich

Mit dieser Reihe kannst Du gut in den Tag kommen.

Du kannst sie auch üben zur besseren Konzentration bei Hausaufgaben oder zum Lernen.

Und Du kannst diese Reihe üben, bevor Du Sport machst.

Sie macht Dich locker und aufmerksam.

Ab Seite 90 findest Du eine ausführliche Beschreibung dieser Reihe.

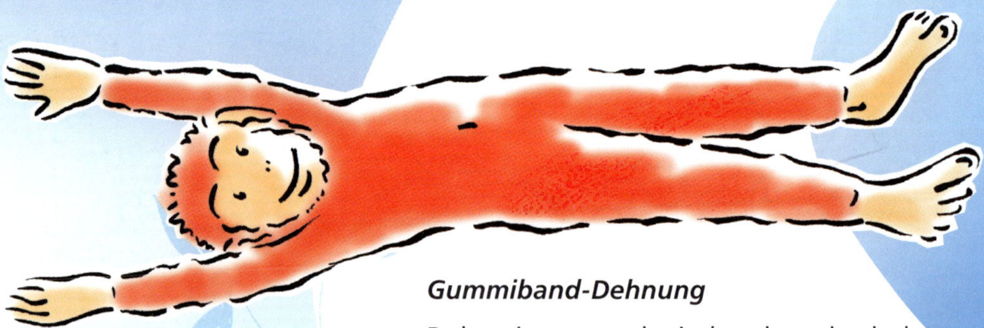

Gummiband-Dehnung

Dehne immer mal wieder abwechselnd:
Mal nur die rechte oder linke Seite, mal nur die Arme oder Beine. Oder diagonal? Probier's mal.

Bevor Du die nächste Übung ausführst, schaue noch einmal, dass nicht irgendetwas Kantiges hinter Dir steht oder Du zu nah an einer Heizung bist, damit Du Dir nicht den Kopf stoßen kannst!

Rückenrollen

Ziehe Deine Knie an den Körper heran.

Wenn Du nicht mit der Stirn auf den Boden kommst und/oder Dein Po nicht auf den Fersen bleibt, dann lege Deine Fäuste übereinander und dann die Stirn darauf. Ist das auch noch nicht hoch genug, so kannst Du ein Kissen zu Hilfe nehmen.

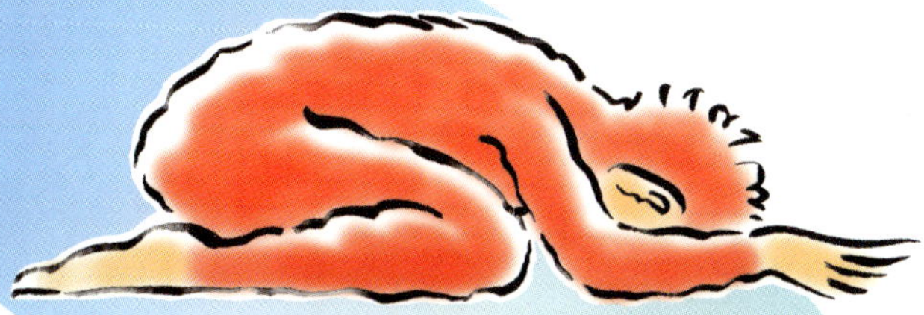

Yoga Mudra

Du kannst Deine Arme auch seitlich nach hinten ablegen.

Der nach unten schauende Hund

Lasse den Kopf locker hängen und „schiebe den Po Richtung Decke“. Bleibe zunächst leicht angewinkelt in den Knien. Dann versuche es mal wie Yogichi.

Die zweite Reihe: Dehne und strecke Dich

Dieser Hund „pieselt"

Und dieser Hund macht es noch mal anders

Du kannst auch ein Bein nach hinten heben und das Knie gleichzeitig nach außen abwinkeln.

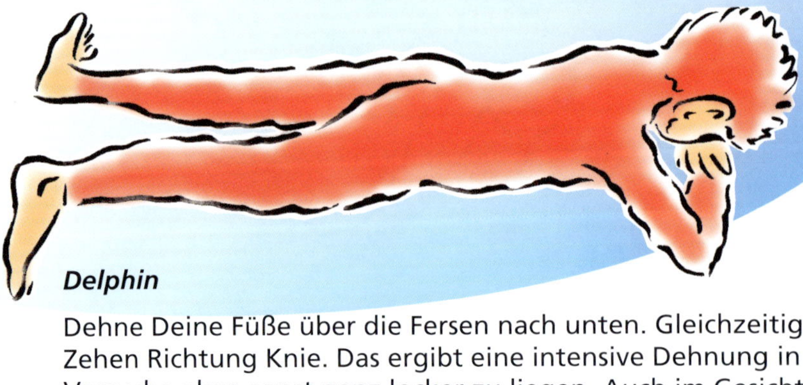

Delphin

Dehne Deine Füße über die Fersen nach unten. Gleichzeitig ziehe Deine Zehen Richtung Knie. Das ergibt eine intensive Dehnung in den Beinen. Versuche aber, sonst ganz locker zu liegen. Auch im Gesicht.
Lasse Deine Zunge locker.
Stelle Dir vor, Deine Beine sind die Schwanzflosse des Delphins.

Halbkerze

Drehe Dich in die Rückenlage. Stelle die Füße auf. Hebe Deinen Po und lege Deine Fäuste darunter. Strecke langsam Deine Beine nach oben, so wie Yogichi es zeigt.

Entspannte Rückenlage

Liegen, loslassen und nachspüren.
Bleibe für mindestens so lange Zeit in der Rückenlage liegen, wie Du zuvor in der Position der Halbkerze warst.

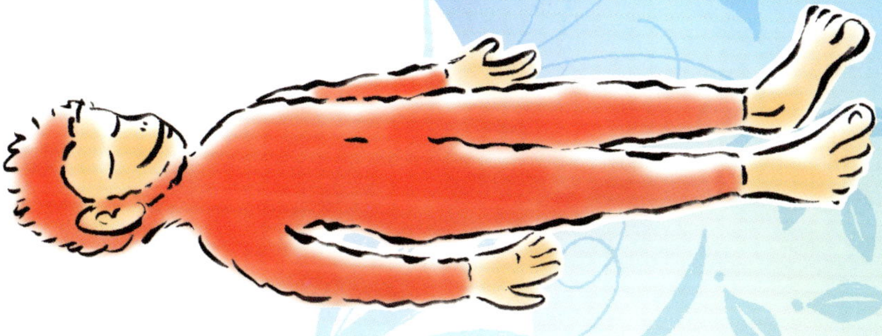

Tipp

Nach dieser Reihe kannst Du die Entspannungsreise auf Seite 22 machen.

Die dritte Reihe: Die Zeitlupen-Reihe

Diese Zeitlupen-Reihe kannst Du gut zu Hause üben.

Du kannst sie am Morgen oder Vormittag genauso so machen, wie vor den Hausaufgaben, zur Verbesserung Deiner Konzentration (z.B. beim Auswendiglernen) oder zur Vorbereitung vor dem Sport.

Ab Seite 93 findest Du eine ausführliche Beschreibung dieser Reihe.

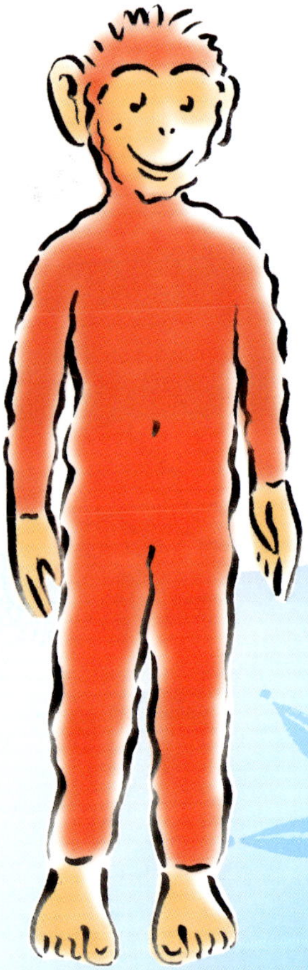

Aufrechter Stand

Zeitlupe

Nehme bitte alle Haltungen ganz langsam ein.
Stelle Dir vor, Du würdest in Zeitlupe üben.
Mache zwischendurch kurze Pausen.
Wechsle von einer Haltung zur anderen ebenfalls betont langsam.
Halte aber nicht die Luft an.
Atme immer gleichmäßig ein und aus.

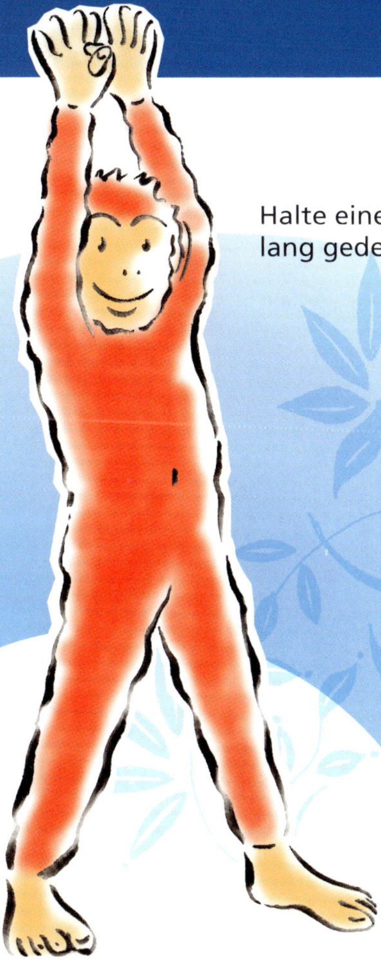

Halte eine Weile die Arme lang gedehnt nach oben.

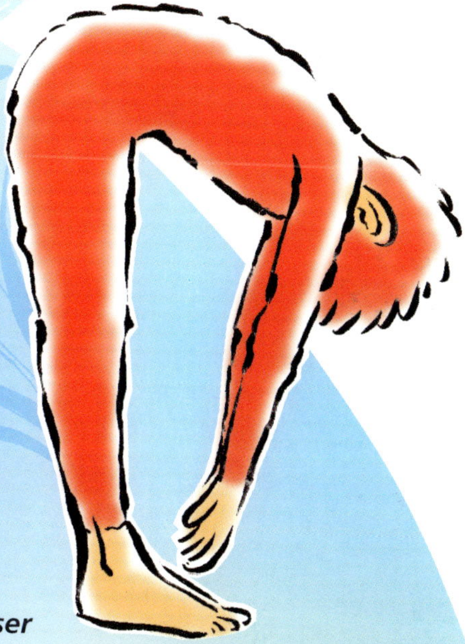

Klappmesser

Lasse Kopf, Schultern und Arme nach vorne hängen. Zurück zum Stand komme langsam, mit angewinkelten Knien.

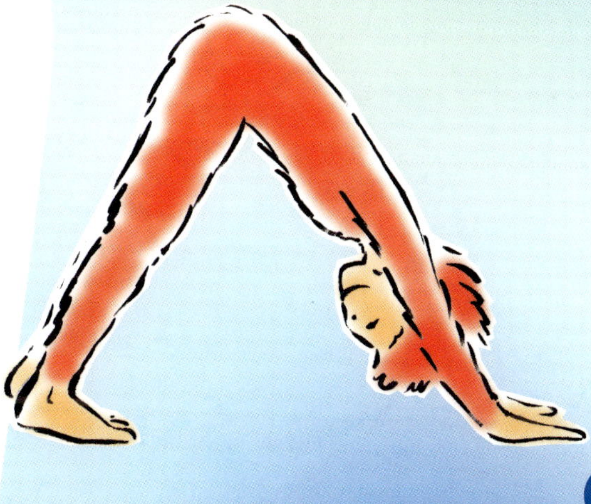

Nach unten schauender Hund

Stelle Dir vor, Du bist ein Hund, der sich lang dehnt.
Zum Auflösen bringe die Füße langsam wieder zurück Richtung Hände.

Die dritte Reihe: Die Zeitlupen-Reihe

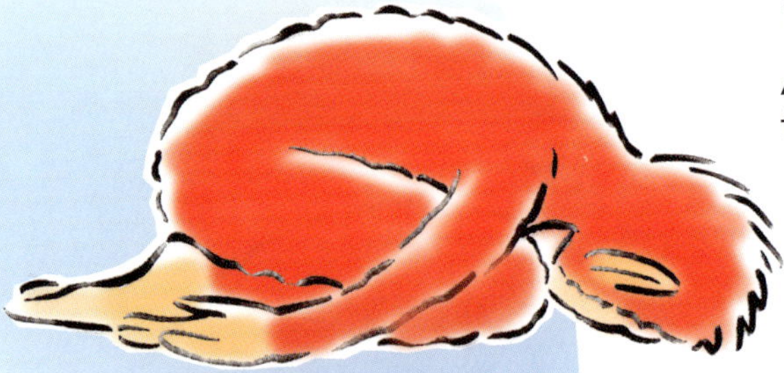

Yoga Mudra

Atme ruhig und gleichmäßig
für eine Weile in dieser Haltung.

Wenn Du nicht mit der Stirn auf den Boden kommst und/oder Dein Po nicht auf den Fersen bleibt, dann lege Deine Fäuste übereinander und dann die Stirn darauf. Ist das auch noch nicht hoch genug, so kannst Du ein Kissen zu Hilfe nehmen.

Drehsitz

Setze Dich so hin wie Yogichi.
Greife mit Deiner linken Hand
über das rechte Knie.
Die rechte Hand stütze hinten auf.
Drehe den Kopf langsam und schaue
über Deine rechte Schulter.
Wechsle dann zur anderen Seite.
Übe jede Seite zweimal.

Wichtig! *Die Hände müssen am Po anliegen, um den Rücken sicher stützen zu können. Deshalb auch erst ganz zum Schluss, wenn die Wirbelsäule wieder ganz auf der Matte liegt, die Hände seitlich ablegen. Achte darauf, dass Du nicht verkrampfst bei dieser Übung oder Dich zu sehr anstrengst.*

Halbkerze

Versuche, die Füße und die Beine lang zu machen und nach oben zu dehnen, so wie es Yogichi zeigt. Atme ruhig und tief in den Bauch. Lasse die Zunge locker. Beende die Halbkerze, indem Du Deine Beine „zusammenklappst".

Rolle Deinen Rücken auf der Matte ab. Dann: Liegen, loslassen und nachspüren. Bleibe für mindestens so lange in der Rückenlage, wie Du vorher in der Position der Halbkerze warst.

Tipp

Nach dieser Reihe kannst Du die Entspannungsreise auf Seite 22 machen.

Entspannungsreise durch den Körper

Vielleicht hat jemand bei Dir in der Nähe Lust und Zeit, Dir den Text vorzulesen? Schön langsam und mit ruhiger Stimme.

Wenn nicht – auch gut. Wieso gut? Weil Du dann diese Übung machst, wie es die Yogis schon immer gemacht haben.

Das geht so:

Lies Dir den Text zuerst einmal durch. Am besten, bevor Du die Reihe übst. Wenn Du dann am Ende der Reihe hier bei dieser Übung ankommst, gehe die einzelnen Schritte aus dem Text in Gedanken durch.

Du wirst staunen, an wieviel Du Dich erinnern kannst.

In der Rückenlage lasse alle Muskeln los.
Vielleicht magst Du aber erst noch mal alle Muskeln im ganzen Körper richtig fest machen?
Also los! Alle Muskeln fest und dann, am besten mit einer langen Ausatmung, alle Muskeln und alle Spannung ganz loslassen!
„Aah...", das darf man auch hören!

Stelle Dir vor:
Du bist weich und aufnahmefähig wie ein Schwamm.
Das heißt natürlich erst einmal ganz „leer" zu werden.
Lasse also alles los und locker.
Konzentriere Dich ganz auf dieses Loslassen:
In den Füßen, in den Beinen, in den Fingern, Händen und Armen.
Atme auch jetzt mal laut aus oder gähne, wenn Dir danach ist.
Lasse los im Bauch, in der Brust, im Rücken und im Kopf.
Der Bereich um die Augen ist gelöst, die Augenlider sanft geschlossen, die Augenwinkel gelöst.
Deine Zunge ist gelöst vom Gaumen und liegt locker auf dem Mundboden.
Unterkiefer locker, die Lippen weich und ein wenig geöffnet.
Der Atem kommt und geht durch die Nase, ein und aus.
Wenn Du möchtest, kannst Du einen Gedanken bewegen wie zum Beispiel:
Mein Kopf ist frei, ich fühle mich gut.

Yoga kommt aus Indien

Gehe mit Yogichi auf Entdeckungsreise durch Indien, das faszinierende Land der Gegensätze. Im Norden stehen sehr hohe Berge. Der Indische Ozean umspült den größeren Teil des Landes und hat im Süden weite Strände geschaffen. Yogichi nimmt Dich mit hinein in den Dschungel. Dort triffst Du nicht nur die sagenhafte Kobra, die einzige Schlange, die sich aus sich selbst heraus aufrichten kann. Am Ende triffst Du auch den Tiger – und der gibt Dir Kraft und Zuversicht.

Du kannst diese Reihe zu jeder Tageszeit üben.

Ab Seite 96 findest Du eine ausführliche Beschreibung aller Asanas dieser Reihe.

So wickelst Du Dir selbst einen Turban aus einem normalen Handtuch

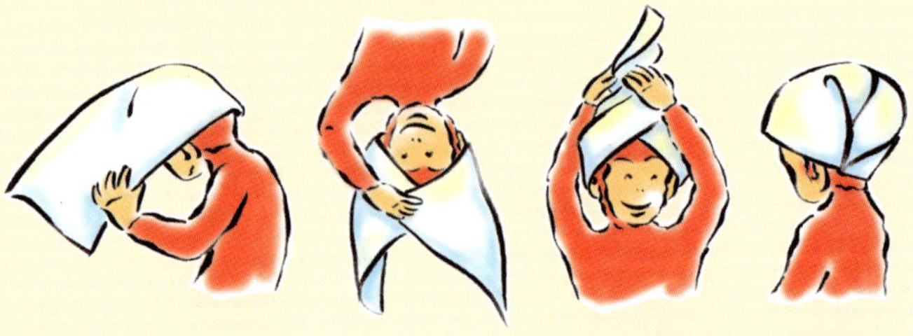

Beuge Deinen Kopf nach vorne.
Lege das Handtuch quer an Deinem Hinterkopf auf.
Kreuze dann die beiden Enden und führe sie nach vorn zur Stirn.
Dann drehe die beiden Handtuch-Seiten ineinander und schlage den Rest wieder nach hinten.
Je nach Restlänge des Handtuches kannst Du es unter das am Kopf liegende Handtuch stecken.

Yoga kommt aus Indien

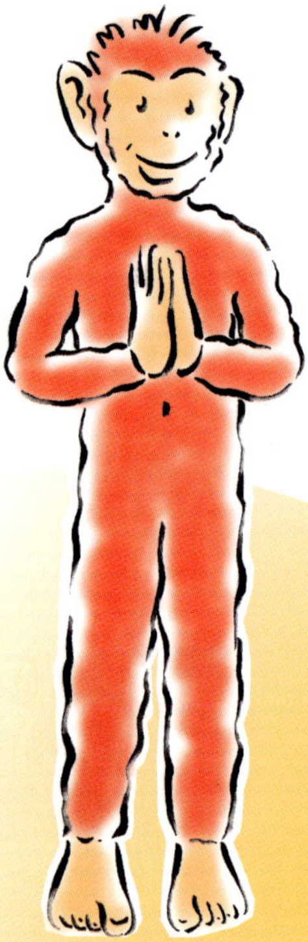

Namaste

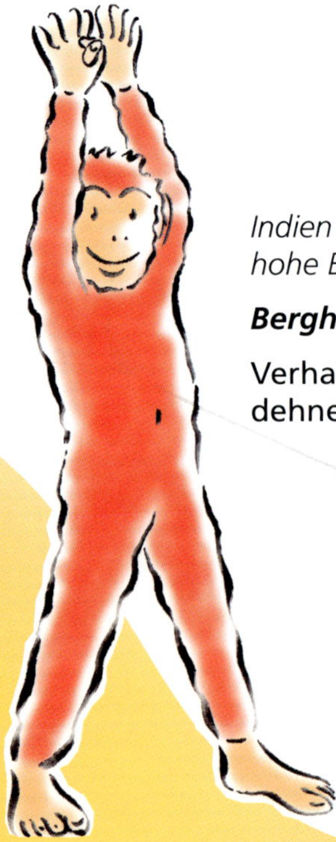

Indien ist sehr groß, und hat im Norden hohe Berge:

Berghaltung

Verhake die Daumen ineinander und dehne Dich lang nach oben.

Im Süden gibt es weite Ebenen und Strände:

Hockstellung

Zeige mit Deinen Armen die „Weite“.
Drehe Deinen Oberkörper nach links und rechts.

In der Mitte gibt es auch dichten Dschungel:

Dein „Dschungelbaum“

Du musst nicht Yogichis komischen „Baum“ nachmachen. Zeige mal, wie Dein „Dschungelbaum“ aussieht! Ist er dick oder lang oder krumm oder wie schaut Deiner aus?

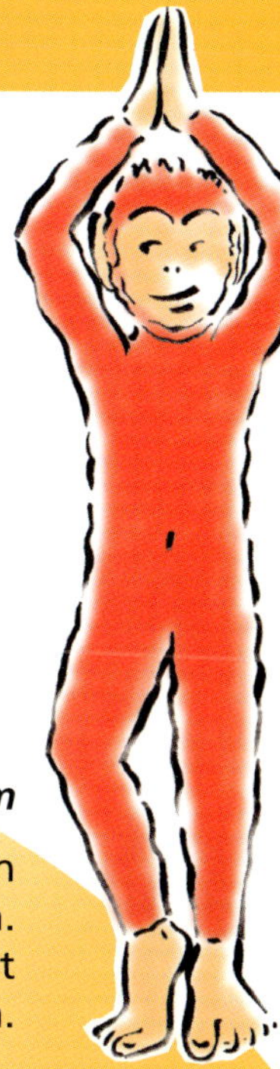

Yoga-Baum

Stelle die Ferse eines Fußes oben auf den anderen Fuß. Wechsle die Fußposition. Spüre, wie Du stehst: Du bist ein fest verwurzelter Baum.

„Lianen“ hängen von den Bäumen

Stelle Dir vor, Deine Hände bilden die Liane, die über einem Ast hängt. Bewege Dich als Liane im Wind vor und zurück. Dann bewege Dich nach rechts und links wie Yogichi. Die Hände sind dabei immer über den Füßen!

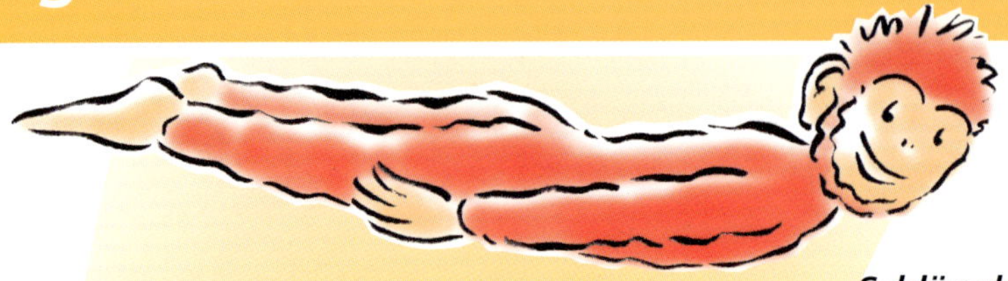

Schlängle Dich als Schlange

Stelle Dir eine Schlange vor und schlängle Dich vorwärts. Und dann rückwärts. Auf dem glatten Boden geht es leichter als auf einer rutschfesten Yogamatte!

Jetzt stelle Dir vor, Du bist eine „Kobra"

Spanne den Po an, um Deinen Rücken zu stützen.
Hebe Deinen Kopf nur soweit, wie es geht.
Aber: Drücke Dich nicht mit Deinen Armen nach oben!
Danach lege Dich auf den Bauch und stelle Dir vor,
Du bist eine Schlange, die im warmen Sand vor sich hindöst.

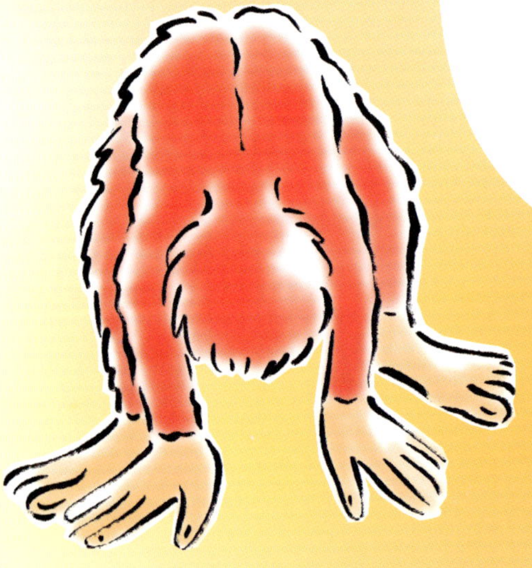

Natürlich gibt es auch „Spinnen" im Dschungel

Stelle Dich auf „alle Viere" wie Yogichi.
Lasse den Kopf locker hängen.
Die Spinnen laufen immer gleichzeitig mit zwei Beinen einer Seite: Laufe mit Deiner rechten Hand und Deinem rechten Bein los, dann linker Arm und linkes Bein gleichzeitig usw. Laufe wie eine Spinne einmal um Deine Yogamatte.

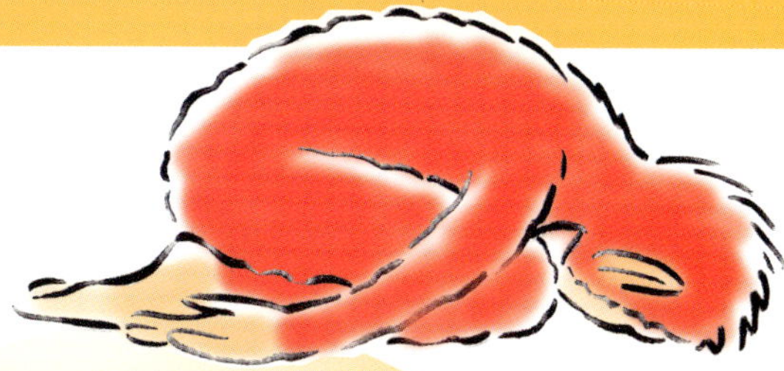

„Spinnen rollen sich zusammen, wenn sie sich schützen wollen"

Komme in den Fersensitz. Lege Deinen Oberkörper auf den Oberschenkeln ab.

Wenn Du nicht mit der Stirn auf den Boden kommst und/oder Dein Po nicht auf den Fersen bleibt, dann lege Deine Fäuste übereinander und dann die Stirn darauf. Ist das auch noch nicht hoch genug, so kannst Du ein Kissen zu Hilfe nehmen.

Tipp

Kannst Du wie ein Schmetterling summen? Das ist ein zartes M-N. Summe erst ein „M" und lasse es allmählich in ein „N" übergehen. Dieses Summen kannst Du 8x wiederholen. „M-N-Summen" ist eine gute Hilfe zur Konzentration, gegen Lampenfieber und wenn das Lernen mal keinen Spaß macht.

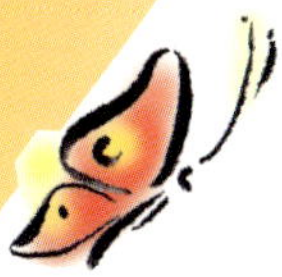

Schmetterling

Die Flügel des Schmetterlings werden Deine Beine sein. Deine Hände umschlingen die Füße. Kannst Du aufrecht sitzen? Gut. Nun kannst Du „losflattern."

Strecke dann Deine Beine wieder aus und schüttle sie auf dem Boden auf.

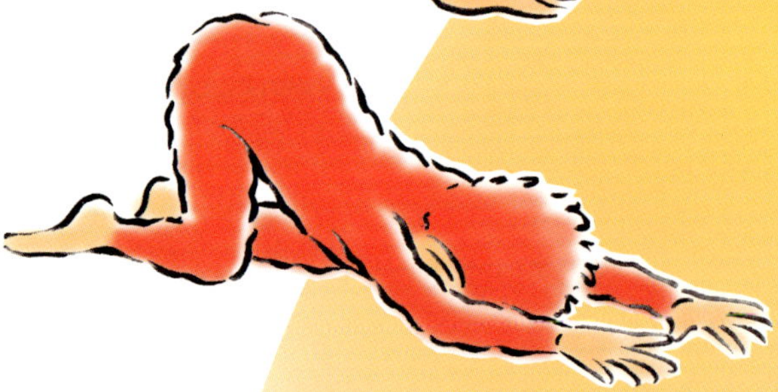

Tiger-Dehnung

Komme in den Fersensitz und stelle die Hände vor die Knie. Gehe so in die Position, die Yogichi zeigt. Lege Deinen Kopf mit der Stirn auf.
Als Tiger kannst Du laut gähnen.

Tipp

Das macht nicht nur Spaß, das ist auch gut für Deine Stimme. Die Yogis sagen, dass es sogar Heiserkeit und Husten vorbeugt! Na, dann! Am besten jeden Tag 2x üben. Aber nicht jemand anderen damit erschrecken!!

Tiger-Sitz

Die Knie sind leicht geöffnet.
Stelle die Hände auf und strecke Deinen Rücken wie Yogichi.
Nun stelle Dir vor, Du bist ein Tiger, der gähnt:
Strecke Deine Zunge weit heraus, wenn Du ausatmest.
Mit der Einatmung geht die Zunge wieder zurück.
Wiederhole es ein paar Mal.

Stelle Dir nun vor, Du bist ein Tiger, der sich umschaut:

Drehe den Kopf langsam und schaue nach rechts und links, oben und unten.
Das kannst Du langsam ein paar Mal hintereinander machen.
Was sieht der Tiger?

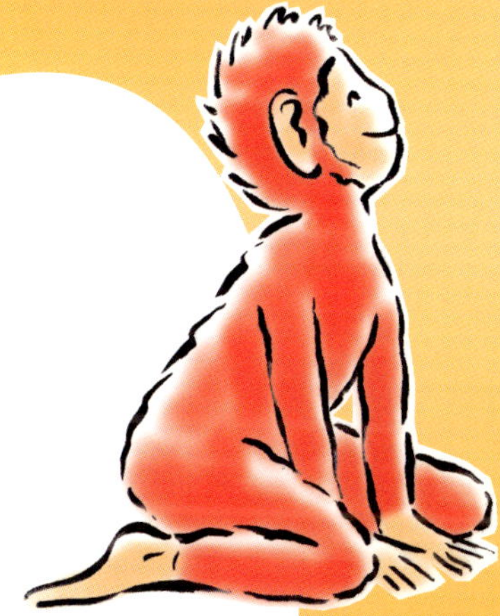

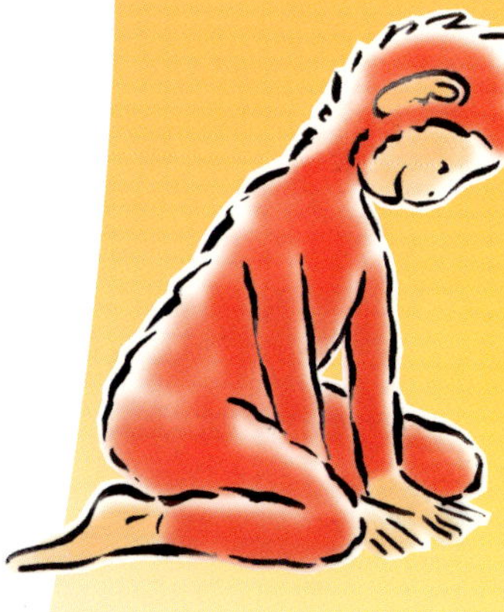

Tiger, der sich nur mit den Augen umschaut:

Der Kopf bleibt nach vorne ausgerichtet. Bewege nur Deine Augen nach rechts und links, oben und unten. Kannst Du auch nur mit den Augen kreisen?

Tipp

In dieser Haltung kannst Du die Entspannungsreise auf Seite 34 machen.

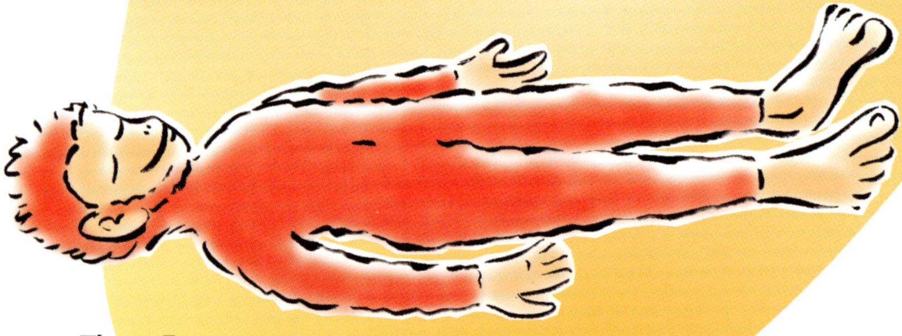

Tiger-Entspannung

Stelle Dir vor, Du bist stark, mutig und gelassen wie ein Tiger.

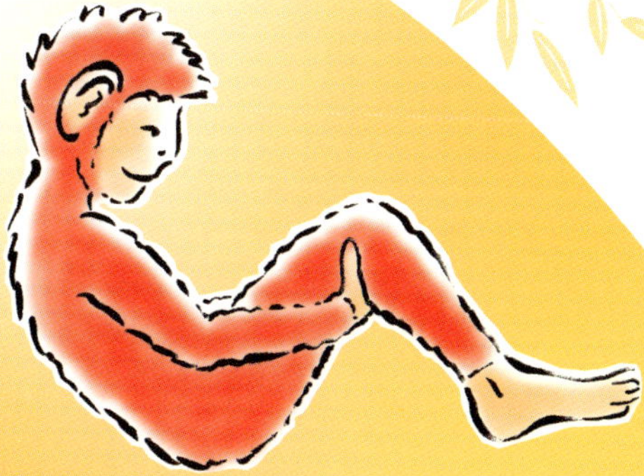

Rückenschaukel

Mit kräftigem Rückenschaukeln mache Dich wieder wach und komme hoch zum Stand.

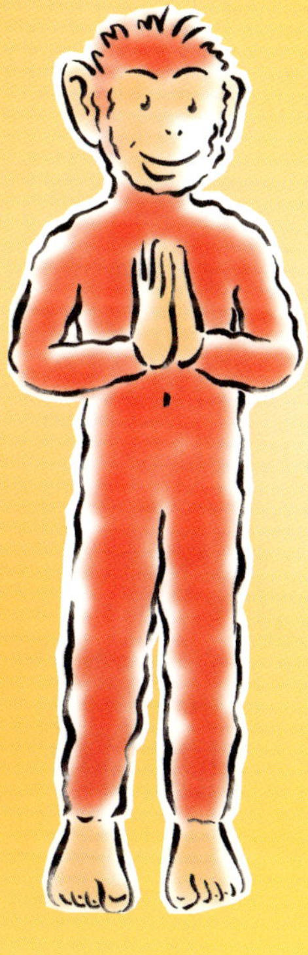

Namaste

Stelle Dir vor, Du bist stark wie ein Tiger

Bitte jemanden in Deiner Nähe, Dir diese Sätze einzeln und ruhig vorzulesen.

Oder Du liest sie Dir selber durch.

Dann lege Dich in die Rückenlage und versuche alle Muskeln ganz locker zu lassen.

Konzentriere Dich auf Deine Tiger-Stärke oder Gelassenheit oder auf etwas, was Dir jetzt wichtig ist.

Lege Dich auf den Rücken.
Lasse alle Muskeln locker und strecke Dich wohlig.
Die Zunge ist gelöst vom Gaumen und liegt locker an den unteren Schneidezähnen.
Atme ruhig und tief durch die Nase, ein und aus.
Stelle Dir vor, Du bist ein Tiger.
Du liegst sicher im Dschungel.
Du spürst unter Dir das warme, weiche Gras.
Der Boden ist warm und trägt Dich.
Du kannst ganz loslassen.
Als Tiger bist Du stark.
Du liegst sicher und ruhig.
Du brauchst Dich vor nichts und niemandem zu fürchten.
Du liegst ruhig und sicher.
Du bist mutig, stark und gelassen.
Atme tief ein und stelle Dir vor, dass Du mit dieser Einatmung ganz viel Mut aufnimmst. (Du kannst auch Stärke, Gelassenheit oder etwas, was Dir wichtig ist, mit der Atmung „aufnehmen")
Mit der Ausatmung , die danach kommt, verteilt sich dieser „Mut des Tigers" in Deinem ganzen Körper.
Wiederhole das ein paar Mal.
Beim nächsten Üben kannst Du auch die Kraft oder Gelassenheit des Tigers mit dieser Atmung aufnehmen.
Denke bitte unbedingt an die Rücknahme!
Also: Dehne Dich, strecke und räkle Dich!
Komme „aus dem Dschungel" zurück auf Deine Matte.

Wir finden einen Schatz

Hast Du auch schon wie Yogichi davon geträumt, über's Meer zu fahren und auf einer einsamen Insel anzulegen?

Um einen Schatz zu finden, den vielleicht Piraten dort irgendwann versteckt haben?

Dann gehe mit Yogichi auf große Reise!

Ab Seite 102 findest Du eine ausführliche Beschreibung aller Asanas dieser Reihe.

So faltest Du das Piratenschiff von Yogichi nach.

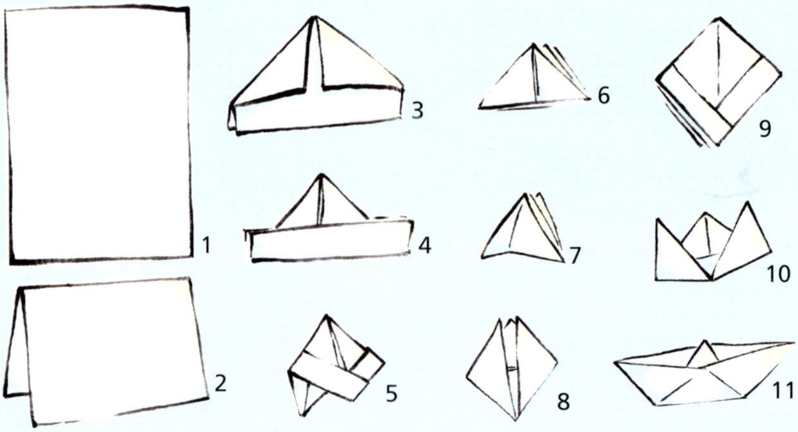

Nimm Dir ein normales Din A4 Blatt oder kleiner. Falte dieses Blatt einmal in der Mitte (den kurzen Weg).

Falte von der Falz aus die Ecken zur Mitte. Dabei bleibt unten ein Rand stehen. Diesen Rand falte nun hoch, aber jeden Rand auf seiner Seite! Die überstehenden Ecken falte um, so dass ein unten offenes Dreieck entsteht. Öffne nun das Dreieck und falte die Enden wieder aufeinander, so dass ein Quadrat entsteht.

Von der offenen Seite aus falte dieses Quadrat nach oben, so dass wieder ein Dreieck entsteht.

Auch dieses Dreieck drücke auf und falte es wieder zu einem Quadrat. Nun ziehe an den oberen Ecken nach links und rechts auseinander und – Dein Schiff ist fertig! Du kannst es noch mit Wassermalfarben oder Buntstiften bemalen, wenn Du magst.

Ahoi und gute Fahrt, Kapitän!

Auf unserer Website www.kinderyoga-akademie/yogichi-buch.html findest Du das Yogichi-Piratenschiff vom Bild nebenan mit Faltanleitung!
Du kannst es Dir herunterladen und ausdrucken (lassen)!

Wir finden einen Schatz

Dünen

Dehne Dich lang nach oben und stelle Dir vor, eine hohe Düne zu sein.

Strandhafer

Bleibe im Stand und lasse Strandhafer wachsen, so wie es Yogichi vormacht. Wiederhole ein paar Mal und wechsle die Handhaltung wie Yogichi. Es steht immer viel Strandhafer auf einer Düne.

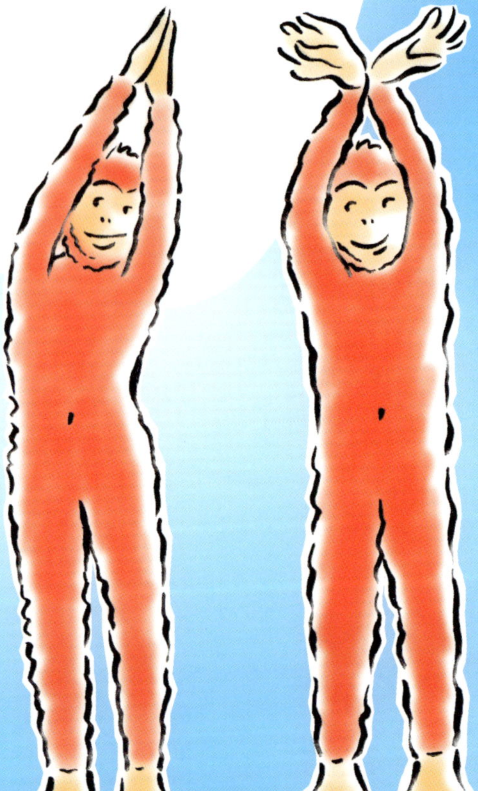

„Robben“ liegen am Strand

Hebe nur Deinen Kopf und drücke Dich nicht mit den Armen hoch. Danach lege Dich ganz entspannt auf den Bauch und den Kopf auf eine Wange. Du kannst diese Haltung gerne noch 2-3x wiederholen, wenn Du magst.

Die „Robben“ bewegen sich auf und ab. Nimm die Arme nach hinten und komme mit einer Einatmung hoch, mit einer Ausatmung lege Dich wieder auf den Bauch. Das kannst Du mehrmals wiederholen.

Wir finden einen Schatz

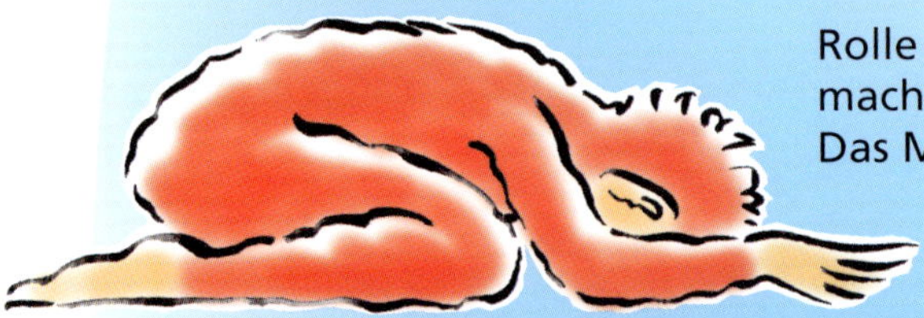

Wellen

Rolle Dich zunächst ein und
mache Dich ganz klein.
Das Meer ist ruhig.

Jetzt kommen die Wellen. Mache es wie Yogichi und bewege Deine Arme auf und ab. Nach ein paar Mal gehe zurück in die erste Welle (siehe oben).

Wenn Du magst, kannst Du richtig hohe Wellen machen. Bringe die Arme ganz hoch nach oben und atme dabei ein. Mit der Ausatmung lasse die Wellen hörbar „rauschen“ und bringe Deine Arme herunter.

Boot

Wir brauchen ein Boot,
um über's Meer zu fahren.
Probiere eine der Boothaltungen
aus, die Dir Yogichi zeigt.

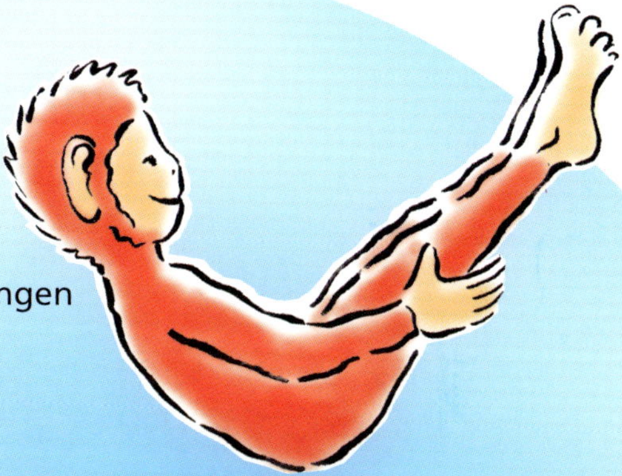

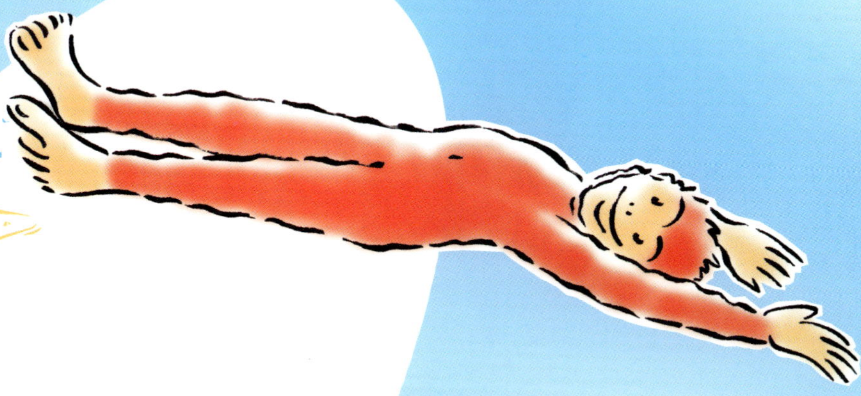

Wir finden einen Schatz

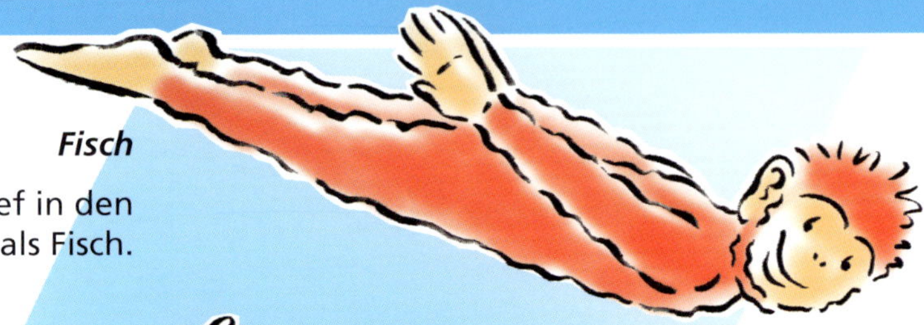

Fisch

Atme ruhig und tief in den Bauch als Fisch.

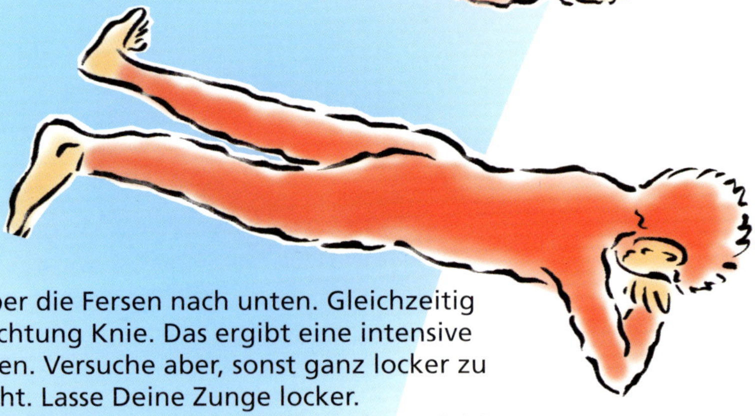

Delphin

Dehne Deine Füße über die Fersen nach unten. Gleichzeitig ziehe Deine Zehen Richtung Knie. Das ergibt eine intensive Dehnung in den Beinen. Versuche aber, sonst ganz locker zu liegen. Auch im Gesicht. Lasse Deine Zunge locker.
Stelle Dir vor, Deine Beine sind die Schwanzflosse des Delphins.

Palmen

Wir sind auf einer Insel angekommen. Darauf stehen viele Palmen.
Mache eine der Palmen nach, die Yogichi zeigt. Stelle Dich abwechselnd auf den rechten bzw. linken Fuß.

Vulkan

In der Mitte der Insel befindet sich ein Vulkan. Stelle Dich aufrecht mit gegrätschten Beinen hin. Spüre Dich als großen und mächtigen Vulkan.

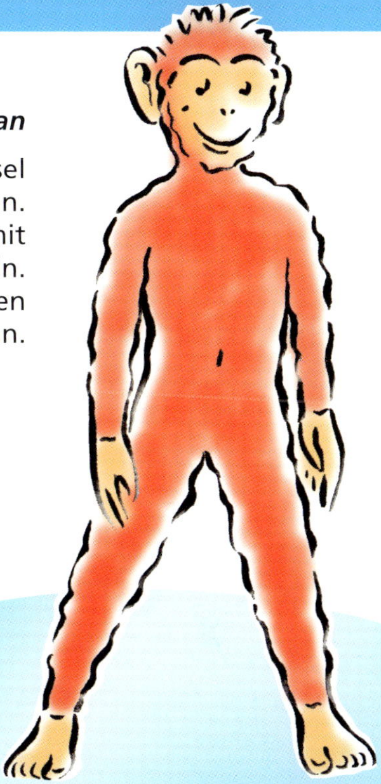

Vulkan-Ausbruch

Jetzt kommt es zum Ausbruch Deines Vulkans. Mit einer Ein-Atmung ziehe die Arme hoch und „schleudere" die Lava nach oben. Dazu mache ein „Vulkanausbruch-Geräusch". Ein Vulkan speit mehrmals nacheinander laut Lava aus.

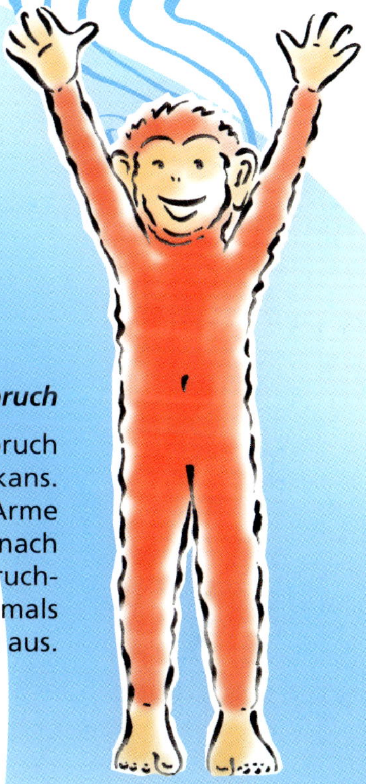

Wir finden einen Schatz

„Vulkan-Ausbruch" überstanden

Freue Dich mit Yogichi, dass Ihr den Ausbruch überstanden habt. Bringe einmal das linke Bein, dann das rechte Bein nach vorne.

„Wir sehen die Schatzkiste"

Stelle Dich wie Yogichi und zeige in die Richtung, in der die Schatzkiste versteckt ist. Wechsle auch die Beinposition und zeige mit dem anderen Arm.
Das kannst Du mehrmals wiederholen, denn Du bist mutig und darfst stolz darauf sein, dass Du es geschafft hast!

„Schatzkiste gefunden!"

Du bist jetzt die Schatztruhe.
Setze Dich so wie Yogichi und schaue den Schatz an.

„Mein Schatz!"

Du bist die Schatztruhe und schließt nun den Deckel. Nur Du kannst den Schatz sehen. Es ist Dein ganz persönlicher Schatz, den Du jetzt siehst und Dir vorstellen kannst.

Lege Dich zum Abschluss für eine Weile auf den Rücken und lasse alle Muskeln locker. Stelle Dir vor, Du liegst ganz entspannt am Strand der Palmeninsel.

Tipp

Nach dieser Reihe kannst Du die Entspannungsreise auf Seite 46 machen.

Stelle Dir vor, Du findest einen Schatz

Lege Dich auf Deine Matte. Wenn Du magst, kuschle Dich ruhig noch in eine warme Decke. Schließe Deine Augen oder schaue auf einen Punkt vor Dir.

Stelle Dir vor, Du liegst ganz entspannt am Strand der Palmeninsel.
Du spürst den warmen und weichen Sand unter Deiner Matte.
Über Dir streckt sich weit der blaue Himmel.
Spüre die Wärme der Sonne auf Deinen Armen und Beinen.
Alles ist ganz ruhig und friedlich hier.
Ein sanfter Wind weht durch die Palmen und lässt die Blätter rauschen.
Schaue Dich um. Was siehst Du?
Freundliches Grün von Palmen, Lianen und Büschen.
Blüten schöner Blumen in allen Farben.
Und dahinten?
Da siehst Du etwas glitzern in der Sonne.
Es ist etwas Blankes aus Metall, ein Scharnier an einer Kiste.
Was da wohl drinnen sein mag?
Findest Du den Griff zum Öffnen?
Atme ruhig und gleichmäßig.
Und dann öffne den Deckel.
Oh, ja – ein Schatz!
Dein Schatz!
Lasse Dir Zeit, ihn zu betrachten. Wie sieht Dein Schatz aus?
Was alles könnte Dein Schatz sein?

Lasse Dir Zeit, alles in Ruhe zu betrachten.

Schließe dann die Schatzkiste wieder.
Du weisst ja jetzt, wo Du sie finden kannst.
Atme tiefer ein und aus.
Komme langsam zurück von der Palmeninsel und spüre Dich auf Deiner Matte.
Atme weiter tief durch und bewege die Finger und Zehen.
Nun auch die Hände und Füße. Räkle, dehne und strecke Dich.
Dehne und strecke Dich lang mit den Armen und Beinen.
Wenn Du wieder ganz wach bist, komme langsam hoch zu einem Sitz.
Du hast den Schatz gefunden. Alles ist gut.

Macht Dich stark und gibt Energie

Der große Yoga-Meister Patanjali hat gesagt: *„Konzentriere Dich auf das, was Du von Herzen willst. Lasse Dich dabei nicht von anderen Dingen ablenken – und Du bist im Zustand des Yoga."* Während Du diese Reihe übst, achte auf Deine Gedanken. Denke an Deine Kraft. Stelle sie Dir vor. Sei zuversichtlich und vertraue Dir. Du kannst es. Du schaffst es. Sei wachsam und achte auf Deine Möglichkeiten. Zum Üben des Yoga im Alltag gehört auch, vollkommen auf Gewalt zu verzichten. Wer Yoga übt, soll niemand anderen in irgendeiner Weise schädigen. Und ebenso soll er/sie niemanden beschimpfen. Die Übungen in dieser Reihe können Dir dabei helfen, Deine Energie zu sammeln. Dann hast Du alle Kraft in Dir und mußt um nichts kämpfen.
Diese Reihe kannst Du zu jeder Tageszeit üben.

Ab Seite 106 findest Du eine ausführliche Beschreibung.

Das Amulett

Möchtest Du auch so ein Amulett, wie Yogichi auf dem Bild nebenan eines trägt? Das kannst Du Dir leicht selber basteln! Ein Amulett ist ein Kraft-Zeichen. Man trägt es, um sich vor etwas zu schützen oder um sich innerlich stark zu machen. Was soll Dein Amulett bewirken? Du brauchst zu Beginn nur einen Blechdeckel von einem Marmeladen- oder Gurkenglas. Suche Dir dazu passende Folie und andere schöne Teile. Zum Verzieren dann noch ein bisschen Folie und bunte Fäden oder Bänder.

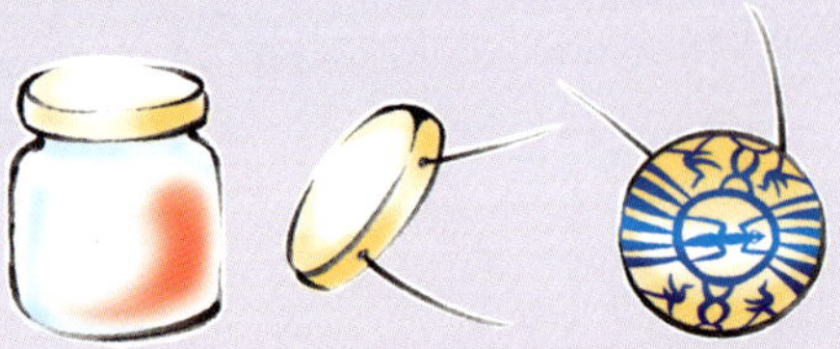

Und so geht's:
Reinige den Deckel und bitte jemand in Deiner Nähe, Dir mit einem Dosenöffner ein Loch in den Deckel zu pieksen. Da kommt später die Schnur durch zum Umhängen. Nun kannst Du ein passendes Stück Alufolie direkt um den Deckel wickeln oder Buntpapier passend ausschneiden und mit Alleskleber auf die Außenseite des Deckels kleben. Danach verziere diese Fläche mit bunten Bändern, Perlen oder kleinen Federn, die Du ebenfalls aufklebst.
Wenn Du zufrieden bist, ziehe durch das Loch im Deckel ein Lederband oder ein festes Band, damit Du Dir das Amulett umhängen kannst. Nun wird alles gut!

Auf unserer Website www.kinderyoga-akademie/yogichi-buch.html findest Du weitere Vorlagen zum Ausdrucken für Deckel-Amulette!

Macht Dich stark und gibt Energie

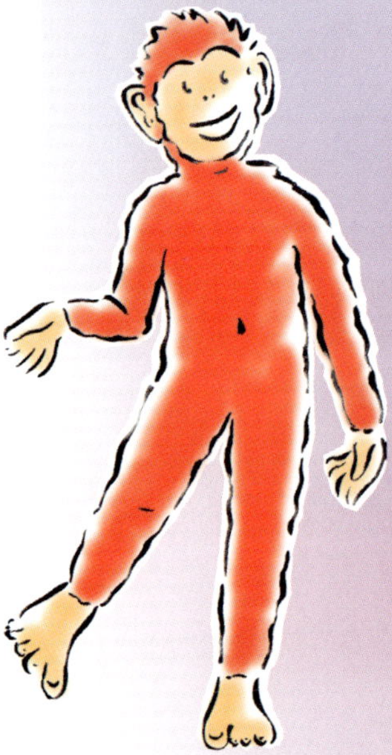

Schütteln

Wackle und schüttle den ganzen Körper durch: Arme, Beine, Schultern, Hüfte, Kopf ...

Schattenboxen

Halte Deine Fäuste vor der Brust.
Schiebe die linke Faust nach vorn, bis Dein linker Arm ausgestreckt ist.
Deine rechte Faust bleibt solange vor der Brust in Höhe des Brustbeins.
Hole die linke Faust zurück und schiebe die rechte Faust vor.

Wiederhole das Schattenboxen rechts – links, mal schnell, mal langsam, für 8-10x bzw. so lange Du magst.
Atme fließend durch die Nase, mit festen Luftstößen.

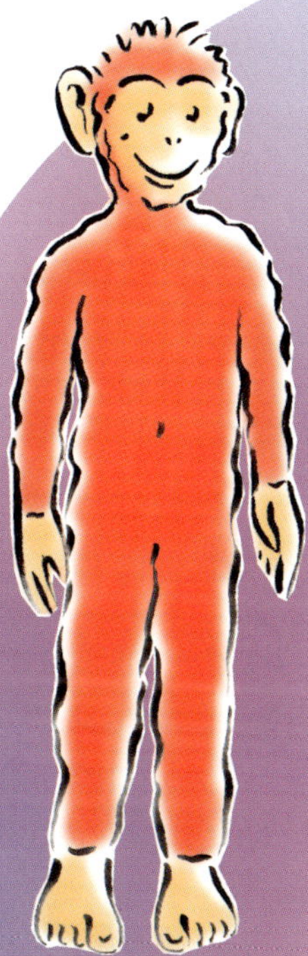

Aufrechter Stand

Stehe einen Moment aufrecht auf beiden Füßen und lasse die Arme locker hängen.

Der Speerwerfer

stellt sich auf. Dehne den einen Arm lang nach vorne, den anderen nach hinten. Übe beide Seiten je 2x.

Macht Dich stark und gibt Energie

Speerwerfen

Stelle Dir vor, Du wirfst einen imaginären („in der Vorstellung") Speer mit der rechten Hand. Stelle den linken Fuß voraus wie Yogichi. Der linke Arm ist nach vorne ausgestreckt zum Schwung holen.

Mit einer Ausatmung ziehe den rechten Arm von hinten nach vorne durch und folge dem „fliegenden Speer" mit den Augen.

Gleichzeitig kommt Dein linker Arm von vorn nach hinten unten (für den Schwung). Wiederhole diesen Speerwurf mit der rechten Hand 2-3x Mal.
Dann wechsle zur linken Hand, um den „Speer zu werfen".

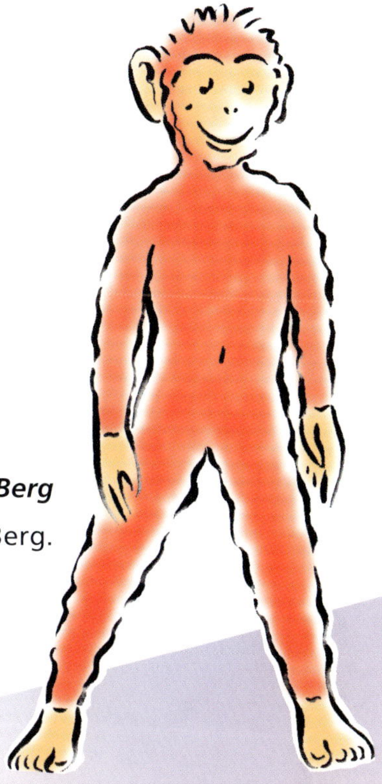

Berg

Stehe nun sicher und fest wie ein Berg.

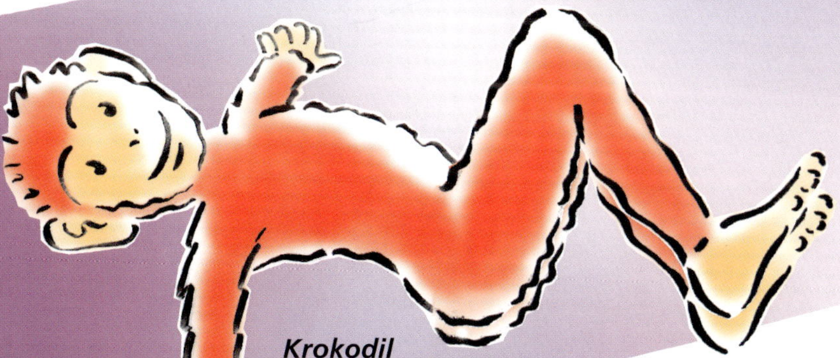

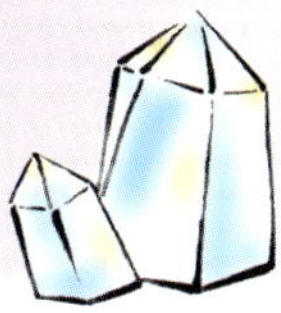

Krokodil

Stelle beide Beine auf und
halte Knie und Füße fest aneinander.
Lasse die Beine nach rechts herunter.
Dabei bleibt Knie auf Knie und Fuß auf Fuß.
Drehe den Kopf zur anderen Seite.
Wechsle zur anderen Seite und übe beide Seiten je 2x.

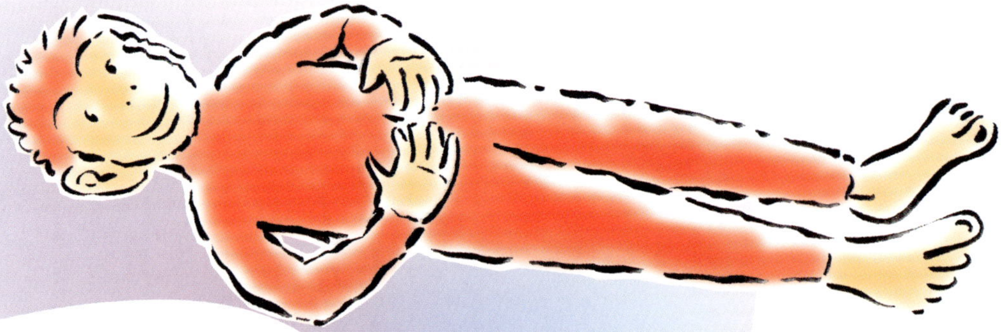

entspannte Rückenlage

Rückenlage, alle Muskeln ganz locker lassen, Zunge locker lassen, liegen.
Atme circa 12x tief und gleichmäßig zu Deiner Hand,
die flach auf dem Bauch ruht.

Tipp

In der Rückenlage kannst Du die Meditation auf Seite 56 machen.

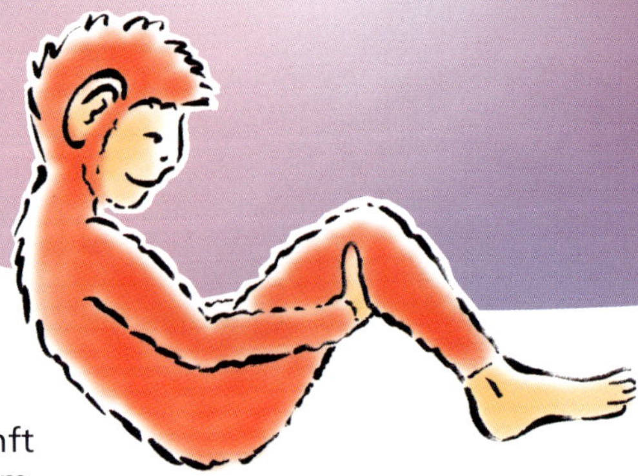

Rückenschaukel

Am Abend anstatt der Rückenschaukel sanft über die Seite rollen und hochkommen zum Stand.

Namaste

Dein Kraftstein

Suche Dir einen schönen Stein, nicht zu groß, nicht zu klein, gerade so, dass Du ihn gut in der Hand halten kannst. Er sollte aber auch ohne Probleme in der Hosentasche oder im Schulranzen mitgehen können.

Diesen Stein brauchst Du für die folgende Meditation, denn daraus wird Dein ganz persönlicher „Kraftstein".

Setze Dich bequem hin oder lege Dich auf den Rücken. Halte den Stein in einer Hand und betrachte ihn genau. Welche Farbe(n) hat er, welche Form?
Wie schwer fühlt er sich an? Rieche mal daran. Halte ihn an Dein Ohr.
Und wenn Du magst, kannst Du mal vorsichtig mit der Zunge daran schmecken.
Und? Stelle Dir nun vor, die Größenverhältnisse würden sich umkehren, das heißt,
Du wärst so klein wie der Stein in Deiner Hand und der Stein so groß wie Du.
Dann stehst Du plötzlich ziemlich klein vor einem großen Felsen.
Gehe in Deiner Vorstellung mal um diesen Felsen herum.
Und da entdeckst Du im Fels einen Eingang, groß genug für Dich. Schaue mal hinein.
Da ist ein Gang, an dessen Ende ein helles Licht zu sehen ist.
Der Gang ist trocken und so beschließt Du, hinein zu gehen.
Du kommst in einen großen runden Kuppelsaal mitten im Fels.
In der Mitte dieses Saals strahlt ein großer Bergkristall weißes Licht aus.
Du gehst um den ganzen Kristall herum und lässt Dich vom Licht anstrahlen.
Nach einer Weile nimm langsam Abschied und komme durch den Gang wieder heraus.
Vor dem Felsen wechseln wieder die Größenverhältnisse. Du bist wieder so groß wie immer und der „Fels" ist wieder der Stein in Deiner Hand. Aber der Kristall-Saal ist immer noch darin. Dort kannst Du jederzeit hingehen, wenn Du es möchtest. Du brauchst nur den Stein mitzunehmen und hast einen „Kraftort für die Hosentasche".
Die Schamanen tragen ihre Steine und anderen Gegenstände übrigens gerne in einem Lederbeutel mit sich. Aber Du kannst Deinen Stein auch einfach in die Tasche stecken.

Werde konzentriert – ganz locker!

Yogichi zeigt Dir hier seine Reihe, die er gerne übt, um danach voll „auf dem Punkt zu sein“. Also immer dann, wenn er richtig gut konzentriert und aufmerksam sein muss – oder sein will.

Die Haltungen machen Dich locker und fördern Deine Konzentration. Du kannst diese Reihe auch üben zum Abschalten. Zum Beispiel, wenn Dir viele Gedanken im Kopf herumschwirren. Oder Du „eigentlich“ noch etwas Wichtiges machen müsstest...

Wenn Du etwas lernen mußt, übe zuerst diese Reihe und Du wirst manches leichter behalten und besser verstehen können.

Du kannst diese Übungsfolge auch nutzen zur Vorbereitung für Deinen Sport: zum Beispiel für alle Ballsportarten, für Leichtathletik, Turnen oder Kampfkunst.

Werde so locker und konzentriert wie Yogichi!

Du kannst diese Reihe drinnen oder draußen und zu jeder Tageszeit üben.

Ab Seite 109 findest Du eine ausführliche Beschreibung aller Asanas dieser Reihe.

Konzentriere Dich und Du erlebst mehr!

Schaue auf auf den grünen Punkt und versuche, Deinen Blick für ungefähr eine Minute darauf zu halten. Dann schließe für ein paar Sekunden die Augen und schaue auf eine weiße oder helle Fläche (an die Wand, auf ein Blatt Papier ohne Linien oder ähnliches). Was siehst Du?

Hier eine kurze Erklärung

Die blaue Fläche mit dem lila/pinken Punkt entsteht, weil wir ein Nachbild auf der Netzhaut sehen. Dieses Nachbild hat immer die Komplementärfarbe zum zuvor Gesehenen. „Komplementär“ nennt man in der Farblehre diejenige Farbe, die auf dem Farbkreis gegenüber liegt. Mit der Ursprungsfarbe gemischt ergibt sie einen Grauton.

Werde konzentriert – ganz locker!

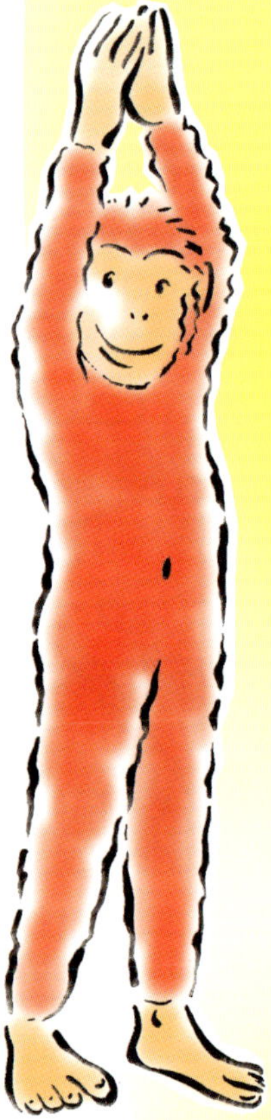

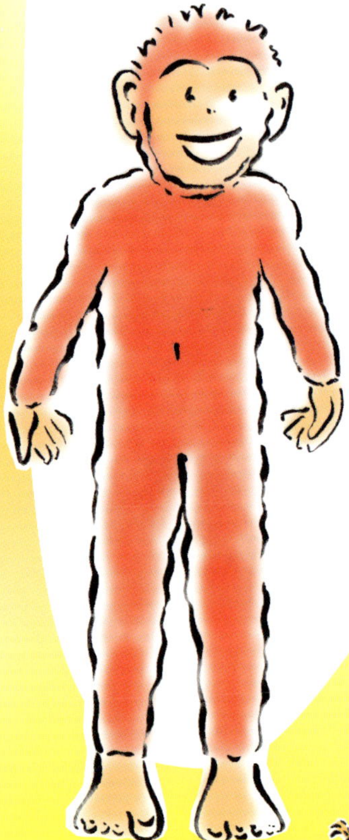

Locker mit „HAA"

Nimm beide Arme hoch mit der Einatmung. Lasse mit einem lauten „HAA" beide Arme fallen und ausschwingen. Wiederhole diese Bewegung mit „HAA" ein paar Mal.

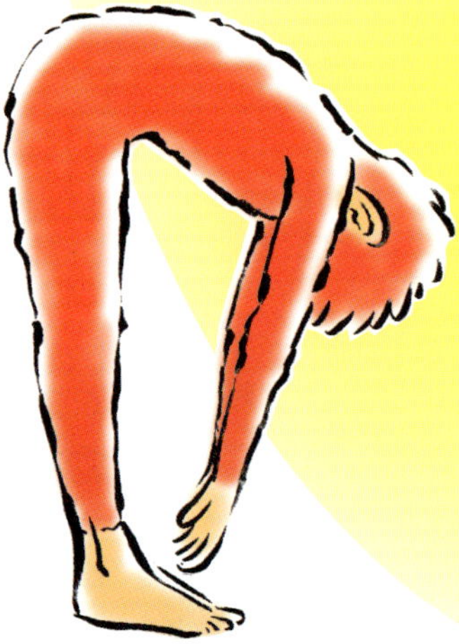

Vorbeuge im Stand

Beginne mit dem Kopf und lasse dann alles nach unten hängen. Auch Deine Zunge und Unterkiefer lasse ganz locker. Bleibe eine Weile locker vorgebeugt. Bringe dann Deine Knie leicht nach vorne und komme langsam wieder hoch zum aufrechten Stand. Erst ganz zum Schluss hebe den Kopf. Wenn Du magst, kannst Du noch einmal in diese Position gehen.

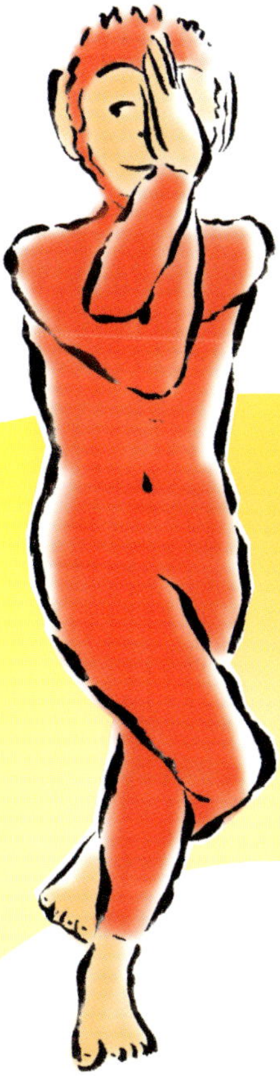

Adler – garudasana

Stehe zunächst aufrecht und dann „schlinge" einen Fuß um das Schienbein des anderen Beines. Übe das ein paar Mal. Wenn Du so sicher stehen kannst, nimm die Arme dazu, so wie Yogichi es zeigt. Übe beide Seiten (Beine und Arme). Dein Blick ist scharf wie ein Adler, Du bist ganz konzentriert.

Brustexpander

Im Stand grätsche leicht Deine Beine. Verschränke die Hände hinter Deinem Rücken. Beuge Dich lang gedehnt nach vorne. Hebe dann die Arme nach oben, so wie Yogichi es zeigt. Aber nur so weit bzw. hoch, wie es bei Dir geht. Lasse auch den Kopf locker hängen. Komme aus der Haltung zurück, und bringe zuerst die Arme Richtung Rücken, dann richte Dich von unten nach oben wieder auf. Zuletzt hebe langsam Deinen Kopf und löse die Handhaltung auf.

Zehenstand oder Hocke

Aus dem Stand komme mit geschlossenen Knien in die Hockstellung, beide Füße flach am Boden. Wenn Dir das nicht gelingt, probiere den Zehenstand. Deine Hände liegen locker auf den Knien. Fühlst Du Dich unsicher, stütze Dich mit den Händen am Boden. Richte den Oberkörper auf und konzentriere Dich für mehrere Atemzüge auf einen Punkt auf dem Boden oder an der Wand vor Dir.
Löse in umgekehrter Reihenfolge auf.

Yoga Mudra

Komme in den Fersensitz und lege Dich in Yoga Mudra, wie es Yogichi zeigt. Atme ruhig und tief in den Bauch, während Du in dieser Haltung bist. Komme dann wieder hoch in den Fersensitz und verweile einen Moment.

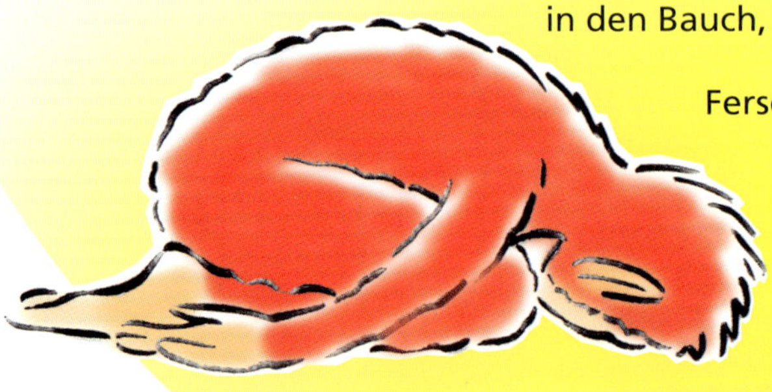

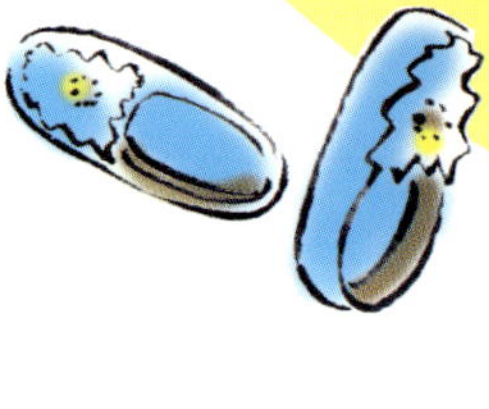

Wenn Du nicht mit der Stirn auf den Boden kommst und/oder Dein Po nicht auf den Fersen bleibt, dann lege Deine Fäuste übereinander und dann die Stirn darauf. Ist das auch noch nicht hoch genug, so kannst Du ein Kissen zu Hilfe nehmen.

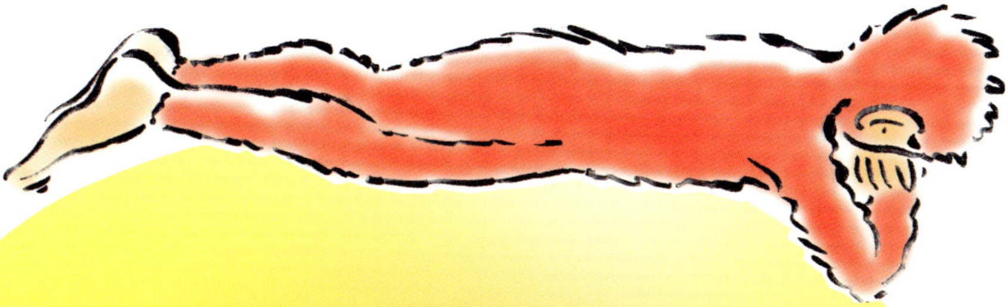

Krokodil in Bauchlage

Lege Deine Hände übereinander und darauf Deine Stirn.
Lege die Füße übereinander im Fußgelenk.
Dann drehe das Becken nach oben, so dass auch die Beine und Füße mitdrehen.
Drehe wieder zurück in die Ausgangslage und dann weiter wie zuvor, aber nun zur anderen Seite. Wechsle die Richtung jeweils zweimal.

Du kannst statt dieser Haltung auch die nachfolgende Variante üben.

Krokodil in Rückenlage

Breite die Arme in Schulterhöhe am Boden aus.
Lege die Füße übereinander im Fußgelenk. Dann drehe langsam das Becken nach oben, so dass auch die Beine und Füße mitdrehen. Der untere Fuß bleibt dabei in der ursprünglichen Position. Der Kopf dreht leicht zur anderen Seite.
Komme zurück und übe zur anderen Seite.
Wiederhole diese Übung zweimal in jede Richtung. Dann wechsle die Fußhaltung, so dass der untere Fuß nach oben kommt und wiederhole wieder beide Seiten zweimal.

Werde konzentriert – ganz locker!

Für diese Übung brauchst Du eine zusätzliche Unterlage als Schulterpolster. Das kann auch ein zusammengefaltetes Handtuch sein.

Schulterstand

Lege in Rückenlage Deine Arme seitlich neben dem Körper ab.
Bringe das Schulterpolster unter die Schultern.
Kopf und Nacken liegen nicht auf diesem Polster, sondern auf der Matte!
Stelle die Füße auf und bringe mit ein wenig Schwung die Knie Richtung Brust.
Mit den Händen stütze den Rücken.
Strecke Deine Beine lang nach oben.
In dieser Position verweile, aber atme tief in den Bauch.

Komme zurück und bleibe so lange in der Rückenlage, wie Du im Schulterstand warst. So kann sich das Blut aus dem Kopf wieder im Körper verteilen.
Stehe nicht sofort auf nach dieser Übung!

Shavasana

In der Rückenlage lasse jetzt alle Muskeln ganz los. Konzentriere Dich ganz auf dieses Loslassen.
Der Atem kommt und geht, ein und aus.

Tipp

In der Rückenlage kannst Du die Meditation auf Seite 66 machen.

Wichtig! *Bevor Du diese Übung ausführst, schaue zu Deiner Sicherheit noch einmal, dass nicht irgendetwas Kantiges hinter Dir steht oder Du zu nah an einer Heizung bist, damit Du Dir nicht den Kopf stoßen kannst!*

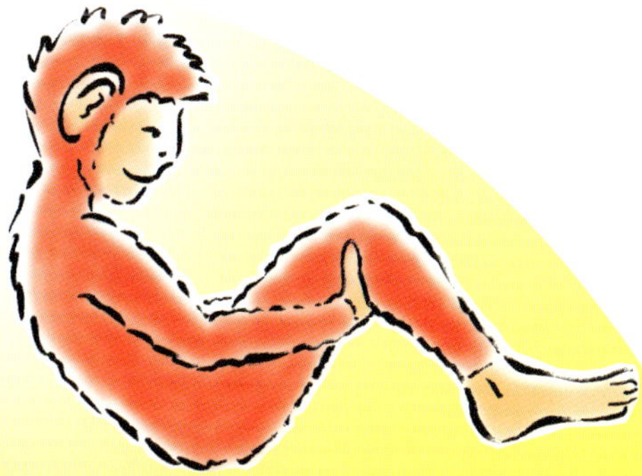

Rückenschaukel: hoch/wach

Zum Ende der Reihe schaukle Dich wach – mit der Rückenschaukel, so wie es Yogichi Dir zeigt.

Tipp

Wenn Du diese Reihe am späten Nachmittag oder am Abend üben möchtest, so lasse die Rückenschaukel weg. Komme stattdessen hoch, indem Du Dich sanft über die Seite hochrollst.

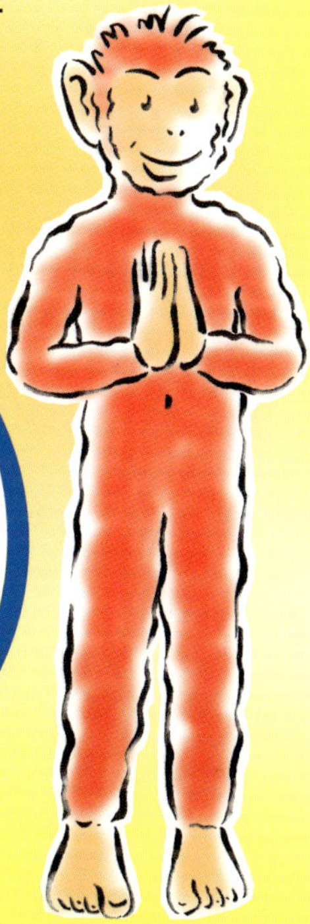

Zum Abschluss schwinge Dich dann hoch in den Sitz und lasse die Beine nach vorne ausgleiten. Reibe Deine Hände aneinander und komme hoch zum Stand.

Bevor Du diese Reihe mit der Rückenschaukel beendest, kannst Du Dir in der Rückenlage die nachfolgende Phantasiereise erzählen lassen.

Du liegst in der Rückenlage. Spüre Deinen Körper auf der Matte bzw. dem Boden darunter. Atme ruhig und gleichmäßig.
Stelle Dir nun vor, Du liegst auf einer Wiese.
Die Sonne scheint warm und angenehm.
Du spürst die Wärme auf Deinen Armen, auf Deinen Beinen und auf Deinem Bauch.
Schaue Dich um auf der Wiese.
Weit erstreckt sich das Land unter dem blauen Himmel.
Du siehst Wälder und Berge.
Hoch auf einem Baum sitzt ein großer Vogel, ein Adler.
Stelle Dir nun vor, Du bist dieser Adler.
Als Adler sitzt Du ruhig und sicher auf einem stabilen Ast.
Schaue Dich um und blicke über das Land.
Nun beschließt Du, Dich zu erheben.
Breite Deine Flügel aus und gleite vom Ast hinweg durch die Lüfte.
Du spürst die Luft unter Deinen Flügeln. Die Luft trägt Dich.
Sicher und ruhig gleitest Du über das Land und über die Bäume.
Wie klein alles da unten ist.
Du fliegst weiter.
Vor Dir erhebt sich ein hoher Felsen und Du steuerst auf seine Spitze zu.
Dort oben lässt Du Dich nieder und schaust Dich um.
Unter Dir die Weite des Landes und Du hier oben.
Alles ist friedlich. Du bist sicher und ruhig.
Genieße eine Weile die Höhe und den Überblick.
Dann breite wieder Deine Adlerschwingen auf und gleite zurück.
Fliege zurück bis zum Baum bei der Wiese, wo Du gestartet bist.
Du liegst nun wieder auf der Wiese.
Bleibe konzentriert und behalte den klaren Blick des Adlers.

Komme jetzt zurück, von der Wiese zurück auf Deine Matte.
Räckle, strecke und dehne Dich. Atme tief durch.
Wenn Du wieder ganz wach bist, komme langsam hoch zum Sitz, von dort in den Stand.
Namaste

Ein Ziel des Yoga ist es, dass wir uns ganz wohl fühlen mit uns selbst und dass wir mit uns selbst zufrieden sind.

Und wenn es vielleicht heute nicht so gut geklappt hat? Dann denke dran: morgen ist ein neuer Tag. Versuche es morgen besser zu machen als heute. So sagen die Yogis.

Stelle Dir vor, Du wirst jeden (!) Tag nur ein bisschen besser – wo bist Du nach einem Monat, wo nach einem Jahr?!

Diese Reihe kannst Du jederzeit üben. Sie ist bestens geeignet nach der Schule, am Abend, nach Aufregung, Enttäuschung oder Ärger. Du kannst sie aber auch einfach nur üben, um zu entspannen.

Schaue Dir bei Yogichi ab, wie er es macht. Es ist ihm eine Wonne, sich zu dehnen und zu bewegen – ganz allein für sich. Um sich wohl zu fühlen.

Ab Seite 113 findest Du eine ausführliche Beschreibung aller Asanas dieser Reihe.

Der Wunsch-Stock

Suche Dir einen kleinen Stock, der Dir gefällt. Ob mit oder ohne Rinde ist nicht so wichtig. Nur trocken sollte er sein. Suche Dir nun schöne Wolle oder Bänder. Denn damit wird der Stock nun umwickelt.

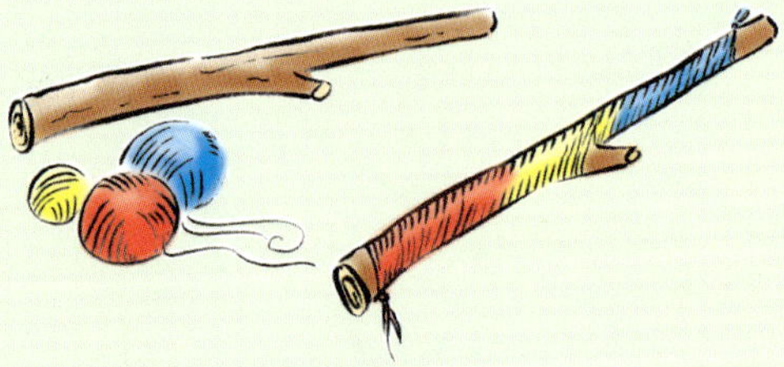

Aber Halt: es soll ja ein Wunsch-Stock werden. Und den Zauber wickelst Du selber mit ein. Wie das geht? Zunächst mal, frage Dich, was Du Dir am meisten wünschst? O.k., das weisst Du?
Dann stelle Dir vor, wie Du Dich fühlst, wenn sich Dein Wunsch erfüllt.

Und mit diesem Gefühl und den Gedanken daran, dass sich Dein Wunsch tatsächlich erfüllen kann, wickelst Du die bunten Wollfäden oder Bänder um den Stock. So lange, bis der Stock ganz umwickelt ist. Das letzte Stück vom Faden oder Band verknote am Stock, damit alles zusammen bleibt. Du kannst den Stock immer wieder zur Hand nehmen und an Deinen Wunsch denken.
Spürst Du das gute Gefühl, wenn er sich erfüllt? Viel Glück!

Dreieckhaltung

Stelle Dich gegrätscht hin und stütze eine Hand am Bein. Strecke den anderen Arm hoch zur Decke/Himmel.
Spüre die Dehnung in Deiner Flanke (Körperseite). Wechsle und übe die andere Seite.

Nach unten schauender Hund

Gehe in die Position, die Yogichi Dir zeigt.
Die Beine sind zunächst leicht angewinkelt in den Knien. Nur wenn es geht, kannst Du sie durchdrücken.
Stelle Dir vor, Du bist ein Hund, der sich lang dehnt und den Po nach oben schiebt.

Katzendehnung I: Katzenbuckel

Gehe in den Vierfüßlerstand und mache einen runden „Buckel“. Lasse den Kopf dabei locker hängen. Die Arme sind gestreckt.

In der Gegenbewegung bleiben Deine Arme gestreckt. Lasse nun den Bauch durchhängen.

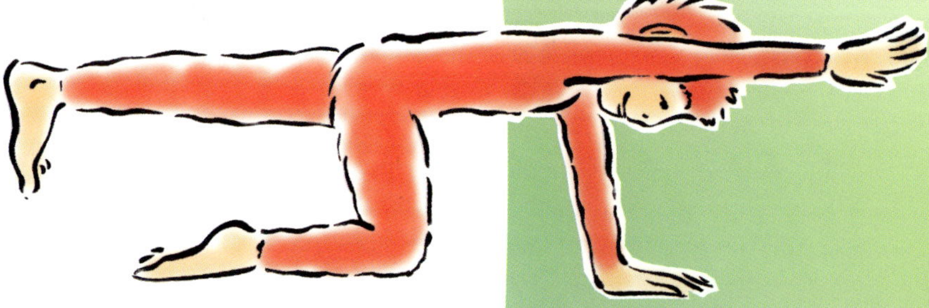

Katzendehnung II: Katzenpfoten dehnen

Bleibe im Vierfüßlerstand wie zuvor. Dehne nun nach hinten bzw. vorne lang heraus je ein „Vorderbein“ (einen Arm) und ein „Hinterbein“ (ein Bein von Dir). Dehne Dich lang, wie Katzen es machen. Dann wechsle die Seiten.

Runterkommen und Entspannen

Vorbeuge im Sitzen

Setze Dich mit ausgestreckten Beinen auf Deine Matte. Lege Deinen Oberkörper auf den Beinen ab. Mit den Händen halte Dich an den Unterschenkeln oder an den Füßen, je nachdem wie weit Du herunter kommst. Halte und atme fließend weiter. Komme heraus aus der Haltung, indem Du Dich langsam aufrichtest, zum Schluss den Kopf.

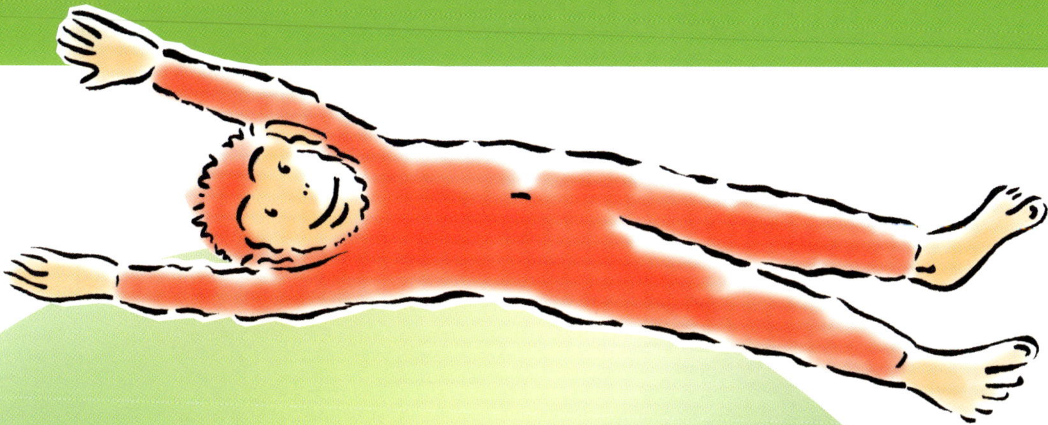

Ganzkörperdehnung

Lege Dich in die Rückenlage. Führe beide Arme lang nach hinten hinter den Kopf. Dehne Dich nun lang, indem Du über die Handballen nach hinten oben und gleichzeitig über die Fersen nach unten vorne dehnst.

Variationen findest Du in der zweiten Reihe: „Dehne und strecke Dich“ auf Seite 16.

Tipp

Luftballon-Atmung

(Yoga-Vollatmung):
Bleibe in der Rückenlage und stelle Dir bei dieser Übung bei jedem Atemzug vor, Du wärst ein Luftballon, in den Luft einströmt.

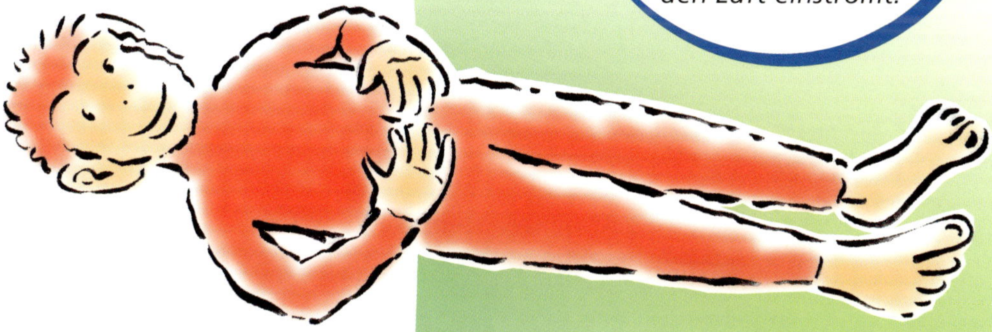

Lege beide Hände auf den Bauch.
Einatmend hebe nun ein wenig Deine Hände mit dem Bauch.
Ausatmend lege sie wieder auf dem Bauch ab.
Wiederhole das ca. 8x, atme dabei ganz ruhig, langsam und gleichmäßig.

Runterkommen und Entspannen

Dann öffne einatmend die Hände und Arme, seitlich leicht angehoben.
Bringe sie mit der Ausatmung zurück an bzw. auf den Bauch.

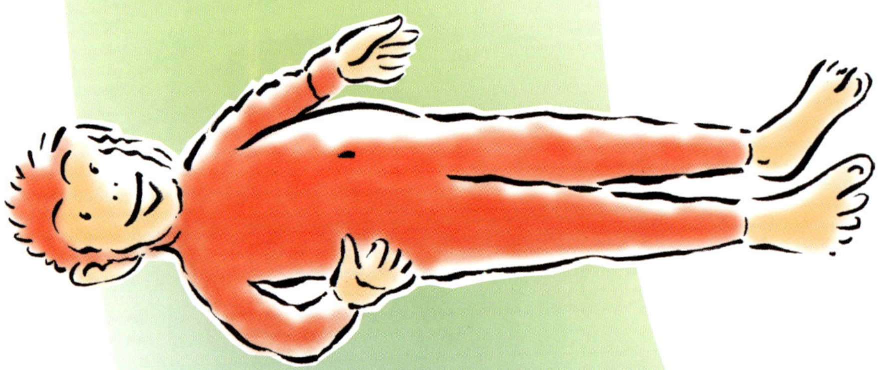

Nun hebe einatmend Arme und Hände nach hinten.
Wenn möglich, kannst Du die Arme auch hinten ablegen.
Ausatmend führe die Arme jeweils zurück.
Wiederhole auch diese Variation ca. 8x. Atme dabei tief, aber langsam und gleichmäßig.

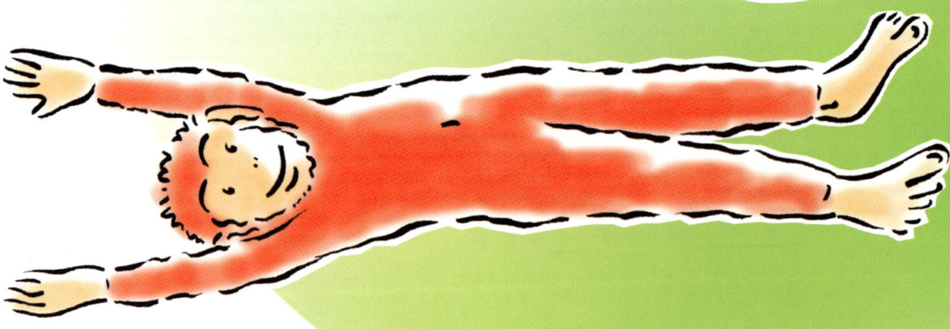

Lege dann die Arme seitlich neben dem Körper ab.
Die Handflächen können nach oben zeigen oder die Hände liegen seitlich auf den Handkanten.
Atme bewusst in Bauch, Brust und bis unter die Schultern ein und aus.
Dabei kannst Du einen positiven Gedanken mit der Ein- und Ausatmung verbinden. Zum Beispiel:
EIN: Ich bin gut. AUS: Ich schaffe es.
Wiederhole auch diese letzte Variante ca. 8x.

Sitzen in der Stille

Nimm mit allen Sinnen offen wahr, was Du hören, riechen, spüren, sehen und fühlen kannst. Versuche so lange wie möglich nur zu spüren und (noch) nicht zu handeln. Schon acht bis zehn Atemzüge lang ist das interessant. Nach zwei Minuten kannst Du diesen Teil der Übung beenden.

Namaste

Und nun geht's weiter, ganz entspannt und locker.

Glasmurmel-Meditation

Suche Dir eine Glasmurmel, die Dir besonders gut gefällt. Setze Dich aufrecht auf Deine Matte und lege Dir die Murmel in die nach oben geöffnete Hand.

Wenn Du diese Übung im Liegen ausführst, halte die Murmel in einer Hand fest.

Spüre die Glasmurmel in Deiner Hand.
Wie fühlt sie sich an?
Kühl oder warm? Leicht oder schwer?
Halte sie mal gegen das Licht.
Aber bitte nie in die direkte Sonne schauen damit!
Das wäre zu hell für unsere Augen!
Und – wie sieht das aus, wenn das Licht durch die Murmel scheint?
Setze Dich nun in eine bequeme Sitzhaltung oder lege Dich auf Deine Matte.
Betrachte die Murmel und stelle Dir nun vor, Du wärst mitten in genau dieser Murmel.
Wie sieht es hier drin aus?
Und wie fühlst Du Dich dabei?
Und wie ist der Blick nach außen?
Wenn es Dir wohl ist in Deiner Murmel, verweile noch einen Moment.
Dann räckle und strecke Dich und komme langsam wieder zurück und aus der Murmel heraus.

Indien

Indien liegt im Süden des Kontinents Asien. Auf Weltkarten kann man Indien leicht am Umriss erkennen. Es sieht aus wie ein übergroßes Ohr eines indischen Elefanten. Oder wie ein Keil. Man sagt auch, dass Indien auf einem „Subkontinent" liegt, also unterhalb des eigentlichen Kontinents. Das liegt daran, dass sich vor vielen Millionen Jahren die heutigen Kontinente noch ganz woanders auf der Erde befanden. Sie lagen auch noch nicht so zusammen, wie wir es heute auf den Weltkarten sehen. Als damals dann die Erdplatte, auf der heute Indien liegt, in Richtung der damaligen asiatischen Platte driftete, kam es irgendwann zu einem „Zusammenstoss" der beiden Platten. Dabei drückte sich der Subkontinent tief in die Erdplatte Asiens hinein. Die Kraft war so groß, dass sich die Erdplatten ineinanderschoben und sich hoch türmten. Daraus entstanden die heute höchsten Berge der ganzen Erde, das Himalaya-Gebirge.

Dort liegt heute der nördliche Teil Indiens. Die Nachbarländer sind Pakistan, Tibet, Nepal, Bhutan, Myanmar und Bangladesch, die ebenfalls in der Region des Himalaya-Gebirges liegen. Der „Keil" des Subkontinents ragt weit in den Ozean hinein und teilt das Arabische Meer vom Indischen Ozean ab. So wird der größere Teil Indiens vom Meer begrenzt. Am südlichen Ende Indiens liegen auf Inseln als Nachbarländer Sri Lanka und die Malediven.

Die Hauptstädte von Deutschland und Indien, Berlin und Neu-Delhi, sind ca. 5800 km Luftlinie voneinander entfernt. Mit dem Flugzeug braucht man dafür ca. 10 Stunden. Man kann auch mit dem Schiff nach Indien reisen. Von Hamburg aus und durch den Suezkanal nach Mumbay braucht ein Schiff ca. 14-18 Tage. Eine durchgehende Zugverbindung gibt es nicht von Deutschland bis Indien. Man könnte aber mit dem Auto oder Bus nach Indien fahren. Dann wäre man allerdings mindestens mehr als zwei Wochen unterwegs.

Indien ist das siebtgrößte Land der Erde. Seine Fläche ist neun Mal größer als die Deutschlands und damit ungefähr so groß wie ganz Zentraleuropa. Von den Bergen im Norden bis zu den flachen Küsten im Süden dehnt sich Indien aus auf 3.200 Kilometer. Das entspricht in etwa der Entfernung von Berlin bis in die nordafrikanische Wüste. Die längste Ausdehnung in west-östlicher Richtung beträgt 3.000 km. Das entspricht ziemlich genau der Entfernung von Berlin nach Moskau.

Da Indien vom Arabischen Meer und dem Indischen Ozean umgeben ist, hat es eine Küstenlänge von zusammen 7.000 Kilometer. Zum Vergleich: Deutschland hat an Nord- und Ostsee zusammen eine Küstenlänge von 1.200 Kilometern.

Im Norden liegen die höchsten Berge Indiens, dauerhaft mit Schnee bedeckt. Weiter Richtung Süden, bis zur Spitze des „Keils" geht es durch Wüste und fruchtbare Ebenen, dichten Dschungel und hohe Gebirgszüge. Das Klima ist meist schwül-warm. Weil die Landschaft so vielfältig ist, gibt es in Indien auch eine große Artenvielfalt bei Pflanzen und Tieren. Die bekanntesten Tiere sind sicherlich der Elefant und der Indische Tiger, eine der größten Tigerarten überhaupt. Auch Löwen gibt es noch. Sie sind nur etwas kleiner als die afrikanischen, ansonsten aber sehr ähnlich. Weiter gibt es Leoparden, große Hirsche, Wasserbüffel mit ihren ausladenden Hörnern und natürlich Affen. Zu den bekannten Schlangenarten gehören die Tigerpython, die (echte) Brillenschlange und natürlich die Königskobra. Die finden wir ja auch bei unseren Asanas.

In Indien leben insgesamt mehr als eine Milliarde Menschen. Damit man sich verständigen kann, hat man sich auf zwei Sprachen geeinigt, die im ganzen Land gebraucht werden. Das sind Hindi und Englisch. Denn die Menschen in Indien sprechen je nachdem, wo sie leben, ganz unterschiedliche Sprachen. Es sind mehr als einhundert Sprachen und dazu kommen noch viele Dialekte. In ganz Europa haben wir vielleicht halb so viele Sprachen. Sanskrit wurde früher in Teilen Indiens gesprochen und ist heute vor allem eine Sprache der Gelehrten. Die Haltungen im Yoga haben auch heute (fast) alle Benennungen in Sanskrit, weil sie schon in den alten Texten in dieser Sprache beschrieben wurden.

Indien hat eine reiche Geschichte. Hier entstanden große Religionen und philosophische Traditionen, insbesondere bekannt sind davon u. a. der Hinduismus und der Buddhismus. Und bereits in einigen der ganz alten Schriften befinden sich Kapitel, die sich mit Yoga beschäftigen.

Yoga kommt aus Indien

Man kann annehmen, dass schon vor ein paar tausend Jahren Yoga von Menschen praktiziert wurde. Das ist eine unvorstellbar lange Zeit. Noch erstaunlicher ist, dass ganz viel von dem, was wir heute über Yoga wissen, nicht durch Bücher weitergegeben wurde, sondern „von Mund zu Ohr". Was das bedeutet? Dazu eine kurze Geschichte: Ein Mensch, nennen wir ihn einfach mal Ravi, hat von einem anderen etwas über Yoga gelernt und angefangen, diesen Yoga selbst zu praktizieren. Nach einiger Zeit des Übens von Körperhaltungen, stillem Sitzen und bewusstem Atmen hat Ravi bemerkt, dass sich in seinem Leben etwas verändert. Dass er angefangen hat, mehr auf die kleinen Dinge zu achten. Zum Beispiel könnte er in Ruhe geschaut haben, wie ein Schmetterling auf die Blüte einer Blume hinabschwebt. Dort sanft aufsetzt, um dann einen violetten Saugrüssel auszurollen. Damit saugt der Schmetterling genüsslich den Nektar aus der Blüte. Und weil Ravi alles gelassen und neugierig angeschaut hatte, spürte er vielleicht in seinem Bauch auch so ein leichtes Gefühl – grade so als wenn dort ein Schmetterling mit seinen Flügeln geschlagen hätte. Und mit diesem Gefühl tief in sich begegnete er neugierig und freundlich anderen Menschen. Von denen wollte manch einer mehr erfahren von „diesem Yoga", dass einen Menschen wie Ravi so freundlich und friedlich gesonnen gemacht hat. Und so wurde Ravi für andere ein Yoga-Lehrer. Er erzählte ihnen, was er von seinem Lehrer gelernt und was er selbst bisher erfahren hatte. Da hörten die Menschen zu. Und sie erlernten Ravis Art, die kleinen Dinge zu schauen, und freundlich zu sein zu anderen. Diese Menschen begannen also selber Yoga zu üben. Und – nach einiger Zeit der Übung – spürten auch sie die Wirkungen des Yoga. Jeder Mensch ein bisschen anders. So wie wir Menschen eben sehr unterschiedlich sind.

Auf diese Weise wurde und wird bis heute, über hunderte von Jahren, der Yoga weitergegeben und hat natürlich viele Formen angenommen.

Drei große Richtungen kann man dabei leicht unterscheiden, nämlich Bhakti-Yoga, Jnana-Yoga und Raja-Yoga. Innerhalb dieser Yoga-Formen gibt es weitere Richtungen, die sich auch in ihrer Übungspraxis und Philosophie unterscheiden.

Bhakti-Yoga zeigt eine hinduistische Form der Verehrung Gottes durch Hingabe. Hingabe durch Singen religiöser Lieder, Gebete und Handlungen. Im Sinne des Bhakti-Yoga ist jede Tätigkeit, egal ob alltäglich oder außergewöhnlich, ein Dienst an Gott. Dabei geht es nicht um den Erfolg der Handlung oder um Lohn für eine gute Tat. Diese Sicht findet man auch im Karma-Yoga, dem Yoga des Handelns, „damit getan wird, was zu tun ist." Anerkennung durch andere wird nicht gesucht. Das eigene Handeln ist wie ein „Gebet in der Tat".

Jnana-Yoga strebt nach Erkenntnis bzw. tiefem Wissen, was zur Weisheit führt. Dazu gehört das Studium der Schriften, die Reflektion darüber und regelmäßige Meditation. Es geht nicht um die intellektuelle Anhäufung von Informationen, sondern darum, über Wissen zu Erkenntnissen zu gelangen, die in Weisheit münden.

Auf dem Weg des Raja-Yoga geht es darum, den eigenen Geist zu entwickeln, also seine Wahrnehmung zu schulen und die Denkfähigkeit zu erweitern. Das Ziel im Raja-Yoga ist die Beherrschung des Geistes. Dieses Ziel findet sich schon vor ca. 2.000 Jahren in der Schrift des Gelehrten Patanjali. Er hat 196 Lehrsätze zum damaligen Yoga aufgeschrieben und sie im „Yoga Sutra" zusammengefasst . Auf ihn und das „Yoga Sutra", was man mit „Yoga Leitfaden" übersetzen könnte, beziehen sich auch heute noch alle Traditionen des Hatha-Yoga.

Auch Yogichi praktiziert Hatha-Yoga. Dabei kam das, was wir heute unter Hatha-Yoga verstehen, erst vor ca. 500 Jahren auf. Die Körperhaltungen wurden geübt, um sich besser vorzubereiten auf die geistigen Übungen des Yoga. Langes Sitzen in einer Meditation kann anstrengend werden. Aber wer sich vorher gut gedehnt und gestreckt hat, wie ein Tiger im Busch, wie ein Baum im Wind, der kann danach leichter ruhig sitzen. Bis heute sind viele verschiedene Körperhaltungen, Stellungen und Abläufe dazu gekommen. Und immer noch entwickeln Yoga-Übende neue Haltungen. Vielleicht fällt Dir ja auch noch eine ein. Und wenn es Dir gefällt, kannst Du sie gerne auch Yogichi zeigen!

Warum ist nun Patanajali so wichtig für den Yoga? In seinem Leitfaden, dem „Yoga Sutra" sind die Lehrsätze ziemlich knapp und in einer einfachen Sprache gehalten. Sie zeigen klar in acht Gliedern, wie alles mit allem zusammenhängt. Dabei beschreibt Patanjali den Yoga im zweiten Satz ungefähr so: „Yoga ist das Anhalten der Bewegungen des Bewusstseins." Was das nun genau heißt und wie das zu erreichen ist, darin unterscheiden sich die vielen Traditionen, die wir heute im Yoga, im speziellen natürlich im Hatha-Yoga, antreffen können. Was die verschiedenen Übungsrichtungen verbindet, ist die Erkenntnis, dass in den acht Gliedern alle Aspekte vorhanden sind, die es einem Menschen ermöglichen, ein gutes Leben zu leben. Deshalb wollen wir diese acht Glieder im nächsten Kapitel etwas näher betrachten.

Die Praxis des Hatha-Yoga

Der Yoga nach dem Gelehrten Patanjali besteht aus acht Gliedern. Diese sind: die Kontrolle im Umgang mit anderen, Kontrolle im Umgang mit sich selbst, die Asanas, also die Körperhaltungen, der bewusste Atem, Schulung der Wahrnehmung und der Konzentration, die Meditation. Das führt zum achten Glied, nämlich der Fähigkeit, Körper und Geist jederzeit zu kontrollieren und Bewusstsein für die Gegenwart zu entwickeln. Denn: „Das Leben passiert jetzt, in diesem Augenblick, nicht gestern und auch nicht morgen." Alle acht Glieder des Yoga sind gleichwertig und deshalb soll man sich jederzeit in allen acht Aspekten des Yoga üben. Dazu schauen wir uns diese Glieder jetzt mal genauer an.

Yama – Kontrolle im Umgang mit anderen

Patanjali zählt auf, was alles zum „kontrollierten Umgang" mit anderen im Sinne des Yoga gehört:

Das Nicht-Schädigen anderer (ahimsa), weder durch Worte noch durch körperliche Tätlichkeit. Desweiteren Aufrichtigkeit oder Ehrlichkeit (satya), Nicht-Stehlen (asteya) sowie ein „reiner Lebenswandel" (brahmacarya) und das Nicht-Festhalten (aparigraha). In allen Teilen von Yama geht es letztlich darum, sich anderen gegenüber so zu verhalten, wie wir es uns von anderen für uns selbst auch wünschen. Ein deutsches Sprichwort fasst das gut zusammen: „Was du nicht willst, was man dir tut, das füg' auch keinem anderen zu."

Niyama – Kontrolle im Umgang mit sich selbst

Zum Umgang mit sich selbst gehören nach Patanjali ebenfalls fünf Bereiche. Reinheit oder Sauberkeit (sauca), wobei dazu sowohl das Waschen und Zähneputzen gehört wie auch eine gewisse „Sauberkeit im Kopf", also Abstand zu nehmen von bösen Vorstellungen oder Gedanken. Zufriedenheit (santosha) ist das zentrale Ziel im Umgang mit sich selbst. Denn wenn man mit sich selbst zufrieden ist, ist es viel leichter, auch auf andere freundlich zuzugehen und sich auf andere einzulassen. Zwei weitere Bereiche sind Selbst-Disziplin (tapas) und das Studium oder Lernen ganz allgemein (svadhyaya). Als letztes gehört zu Niyama, Vertrauen zu haben in den Augenblick oder „Vertrauen in das Schicksal". Also darin sicher zu sein, dass es immer weiter geht (ishvara pranidhana).

Yama und Niyama üben wir täglich und immer. Wenn wir jemandem begegnen, egal ob bekannt oder fremd, so reagieren wir auf diesen anderen Menschen. Und Yama und Niyama geben uns wichtige Hinweise, wie wir uns in solchen Begegnungen verhalten können. Wer keinen Streit will, tut gut daran, anderen gegenüber freundlich zu sein. Und umgekehrt, einem „Streitsucher" freundlich aus dem Weg zu gehen. Ist man mit sich zufrieden, fällt es leichter, sich großzügig gegenüber anderen zu zeigen. Und die eigene Art, das eigene Verhalten zeigt sich ja immer im Verhalten des anderen. Probiere es mal aus! Beginne an einem Tag, an dem es Dir selber richtig gut geht. Achte auf Deine Gedanken, die Dir in der Begegnung mit anderen durch den Kopf gehen. Im Yama geht es bei „Ahimsa" genau darum: niemand schädigen. Auch nicht in Gedanken! Zumindest innerlich versuche, jeden, den Du triffst, anzulächeln. Könnte sein, dass das (nicht nur) für Dich ein schöner Tag wird. Geht's Dir gut, geht's auch Deinen Freunden und Deiner Familie gut. Ein kalifornischer Freund sagte mal: „Bring Dein Lächeln in die Welt – und die Welt wird zurück lächeln."

Asana – Körperhaltungen

Noch bei Patanjali stand das Wort „Asana" für „Sitzhaltung", in der Regel zur Meditation. Erst seit ungefähr 500 Jahren kennen wir die Vielfalt der Haltungen im Yoga, die sich unter dem Begriff „Asana" entwickelt haben. Die Yogis wussten bereits, was auch moderne Forscher festgestellt haben. Ist der Körper beweglich und entspannt, ist es auch der Geist. Wer sich gerne bewegt, draußen spielt oder Sport treibt, lernt zum Beispiel leichter und kann häufig auch Gelerntes besser erinnern.

Und dann gibt es eine Verbindung zu Yama, dem Umgang mit anderen. Denn wenn man sich geärgert hat, so ist es viel leichter wieder ruhig und gelassen zu werden, wenn man sich körperlich bewegt. Und die Asanas des Yoga sind natürlich auch ein gutes Bewegungsprogramm. So kann uns die Asana-Praxis, wie sie zum Beispiel Yogichi in diesem Buch zeigt, helfen, unsere Ziele besser zu erreichen und gelassen zu bleiben.

Pranayama – der bewusste Atem

„Prana" ist die Lebensenergie, so sagen die alten Yogis. Wir Menschen, und alle anderen Lebewesen, nehmen diese Energie mit der Atmung auf. Und deshalb gibt es im Yoga viele verschiedene Übungen, um sich immer gut mit dieser Energie durch bewusstes Atmen zu versorgen. Einige Übungen zur Atemwahrnehmung zeigt Yogichi in den Reihen dieses Buches. Der bewusste Atem ist auch Teil der Asana-Praxis. Deshalb gibt es manchmal in den Reihen den Hinweis, nicht die Luft anzuhalten, sondern fließend ein und aus zu atmen. Das kannst Du auch immer mal wieder „zwischendurch" machen. Ob zu Hause, in der Schule, am Morgen oder am Nachmittag, egal ob Du stehst oder sitzt, lege eine Hand flach auf den Bauch. Atme ganz normal ein und aus. Spüre dabei mit der Hand, wie sich Dein Bauch immer ein wenig hebt und senkt mit der Atmung. Konzentriere Dich für fünf oder zehn Atemzüge darauf – und auf sonst nichts. Die bewusste Wahrnehmung des eigenen Atems beruhigt auch den Geist und kann schnell einen klaren Kopf machen.

Pratyahara – die Sinne

Wir haben fünf körperliche Sinne, die Du kennst: Sehen, Hören, Riechen, Schmecken und Fühlen. In diesem fünften Glied des Yoga geht es darum, sich dieser eigenen Sinne bewusst zu werden. Versuche zum Beispiel mal, wenn Du Musik hörst, einzelne Instrumente heraus zu hören. Oder im Wald einzelne Vogelstimmen zu erkennen. Fühle mit den Händen unterschiedliche Dinge – ohne zu schauen. Versuche über das Tasten zu erraten, was Du gerade berührt hast. Ziel dieser Übungen zur Sinneswahrnehmung ist es, alle Sinne bewusst einsetzen und kontrollieren zu können. Das kannst Du daheim auf der Matte oder draußen üben, liegend, sitzend oder stehend. Geräusche gibt es eigentlich überall. Kannst Du einzelne heraushören? Kannst Du hören, woher sie stammen? Auf S. 75 zeigt Dir Yogichi eine solche Übung.

Und: Rieche mal wieder an einer Blüte oder an einer Baumrinde oder ...

Die acht Aspekte des Yoga hängen zusammen wie die Glieder einer Kette.
Jedes einzelne Glied ist wichtig und wird entsprechend geübt.

Dharana – das Festhalten der Aufmerksamkeit

Dieses Festhalten, also mit der Aufmerksamkeit bei einer Sache bleiben, nennt man auch Konzentration. Sie zu schulen ist das Ziel von „Dharana", denn dadurch kann Verständnis und Klarheit entstehen. Du kannst Dir einfache Aufgaben stellen. Nimm zum Beispiel einen Stift in die Hand. Schaue für die nächsten zwölf Atemzüge nur auf die Spitze des Stiftes. Denke nicht nach, atme ruhig ein und aus – und schaue auf die Spitze des Stiftes.

Wenn Dir das leicht fällt, suche Dir für das nächste Mal etwas Anspruchsvolleres. Setze Dich auf einen Stuhl und schließe die Augen. Konzentriere Dich für die nächste Minute nur auf die Berührung Deiner Füße mit dem Boden. Yogichi zeigt in der Reihe „Werde konzentriert – ganz locker" ab Seite 58 auch Asanas, die helfen können, sich besser zu konzentrieren.

Dhyana – Meditation

Man sagt auch, in der Meditation geht es um die „Geist-Objekt-Verbindung". Was damit gemeint ist? Zunächst geht es wie bei Dharana, also der Konzentration, darum, sich nur auf ein Objekt auszurichten, zu konzentrieren. Das kann zum Beispiel eine Blume, eine Kerze oder ein Stein sein. In der Meditation nehmen wir also bewusst diese Blume oder Kerze wahr – und beobachten dabei auch, was das mit uns macht. Was würdest Du lieber anschauen, eine Blume oder eine Mülltonne? Siehst Du, alles, was wir wahrnehmen, löst etwas in uns aus. In der Meditation schauen wir natürlich die Blume an. Dann spüre, was dieses Anschauen in Dir auslöst und stelle Dir nun als nächstes vor, wie es wohl wäre, selbst die Blume zu sein. Wie würdest Du Dich als Blume fühlen? Und wie als Blume, die beobachtet wird?

Solche einfachen Meditationsübungen kannst Du (fast überall) selber anstellen.
Konzentriere Dich auf ein schönes Objekt (Stein, Blatt, Baum, Berg, Fluss) und dann stelle Dir vor, DU selbst wärest das Objekt. Wie fühlst Du Dich dabei?

Samadhi – der allgegenwärtige Augenblick

Wenn es dem Yoga-Praktizierenden gelingt, gelassen zu bleiben im Umgang mit anderen, zufrieden zu sein mit sich selbst, der Körper sich beweglich und fit anfühlt, der Atem fließt und die Sinne konzentriert sind, kann man sich ganz auf das einlassen, was jetzt gerade passiert und handelt entsprechend. Dieser Zustand des „gegenwärtigen Augenblicks" ist das eigentliche Ziel des Yoga-Weges. Diese Momente sind manchmal schnell erreicht – halten aber nicht lange an. Es geht also darum, sich immer wieder in allen acht Gliedern des Yoga zu üben, um diese Momente zu längeren Phasen eines Tages werden zu lassen. Denn alles hängt mit allem zusammen. Wer das erkennt, leistet seinen Teil und schenkt der Welt ein Lächeln. Und die Welt lächelt zurück. Bestimmt.

Ausführliche Beschreibung der Haltungen aller Reihen

Auf den nächsten Seiten zeigt Yogichi noch einmal alle Haltungen der Reihen, jetzt aber mit einer ausführlichen Beschreibung. Die Abfolge ist die gleiche wie zuvor. Es geht also los mit den kurzen Reihen, wenn Du noch gar keine Erfahrung mit Yoga hast bzw. nur wenig Zeit zur Verfügung hast, um Asanas zu üben.

Dann folgen die „längeren" Reihen.

Bei vielen Haltungen oder Asanas findest Du auch den Namen in Sanskrit.

So kannst Du auch in anderen Yogabüchern die Haltungen leichter wiederfinden.

Beachte bitte auch noch einmal die Hinweise auf den Seiten 8 und 9 im Kapitel „Bevor Du übst"!

Und nun viel Freude beim Lesen und vor allem natürlich beim Üben!

Diese Reihe in Bildform findest Du vorne im Buch ab S. 10.

Alles im Stehen

Namaste

Der indische Gruß unter Yogis bedeutet soviel wie „Ich begrüße das Lebendige in Dir".

Drücke Deine Handflächen gegeneinander.

Füße fest auf dem Boden.

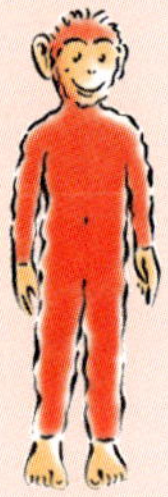

aufrechter Stand – tadasana

Rechter und linker Fuß sind gleichmäßig belastet

Du kannst ein bisschen hin und her pendeln, um die Position zu finden, in der beide Füße gleich stark belastet sind. Atme ruhig und gleichmäßig.

Berg – Fadosana-Variation

Bleibe im aufrechten Stand und hebe mit einer Einatmung Deine Arme hoch.

Atme fließend weiter. Bringe Deine Hände über dem Kopf zusammen. Die Daumen sind gekreuzt, die Arme lang gestreckt. Halte diese Position für 2 bis 5 ruhige Atemzüge und dehne dabei lang nach oben.

Halbmond – ardha chandrasana

Stelle Dich schulterbreit gegrätscht hin. Beide Füße zeigen nach vorne. Bringe die Arme seitlich neben dem Körper hoch über den Kopf und lege die Handflächen zusammen. Daumen überkreuzt. Dehne Dich lang nach oben und schiebe Dein Becken nach rechts außen soweit es geht. Halte diesen „Halbmond" nach rechts für ein paar Atemzüge ohne Anstrengung.

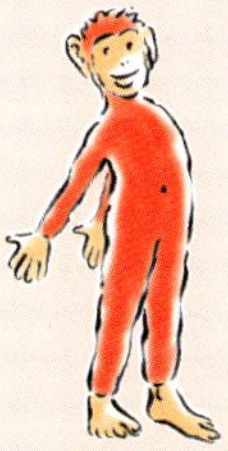

Komme dann zurück zur Mitte, dehne wieder nach oben und wiederhole den Ablauf jetzt nach links. Zurück zur Mitte lasse für einen Moment die Arme sinken und spüre Deine Flanken. Du kannst den Halbmond nach rechts und links bis zu 3x wiederholen, wenn Du möchtest.

Vorbeuge im Stand – uttanasana – „loslassen, abgeben"

Aus dem Stand heraus senke die Arme und Schultern nach vorn unten. Dann lasse den Oberkörper folgen und senke ihn ab. Du hängst nun nach vorne herunter, Kopf geht „in Richtung" Knie. Du kannst 2 oder 5 oder 10 ruhige Atemzüge „aushängen".

Zum Ende bringe Deine Knie nach vorne und drücke Dich mit der Kraft Deiner Beine wieder hoch. Nach diesem Aufrichten mache einen Innenarm-Kreis.

Buchstabe Y, wie „Yoga" – „Positive Energie aufnehmen"

Du stehst im aufrechten Stand. Die Arme sind nach oben geöffnet, so dass Du wie der Buchstabe Ypsilon dastehst. Atme dabei ruhig und fließend.

Zum Ende führe Deine Arme seitlich herunter und lasse sie locker hängen.

Konzentration nach „innen"

Bringe die Fingerspitzen der rechten und linken Hand vor dem Bauch zusammen, so als ob Du eine imaginäre Kugel umschließen würdest.

Die Unterarme sind parallel zum Boden. Deine Daumen liegen ungefähr in Magenhöhe. Versuche die Berührung aller Fingerspitzen zu spüren. Wenn möglich, spüre mit geschlossenen Augen. Du kannst bis zu 1 Minute halten oder 6 und mehr ruhige, langsame Atemzüge.

Namaste

Der indische Gruß unter Yogis bedeutet soviel wie „Ich begrüße das Lebendige in Dir".

Drücke Deine Handflächen gegeneinander.

Füße fest auf dem Boden.

Diese Reihe in Bildform findest Du vorne im Buch ab S. 14.

Dehne und strecke Dich

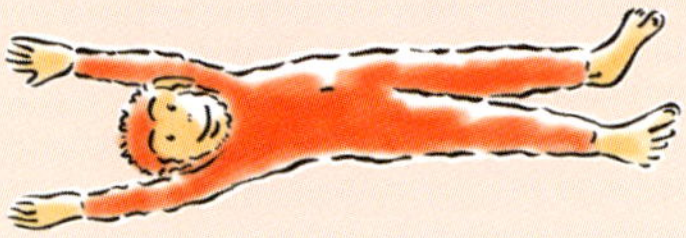

Gummiband-Dehnung

Beginne in der Rückenlage.

Lege beide Arme nach hinten.

Dehne Dich nun lang, indem Du über die Handballen nach hinten oben und über die Fersen nach unten vorne dehnst. Variiere dann die Dehnungen:

Dehne nacheinander mal nur die rechte Seite, also nur den rechten Arm nach hinten und über die rechte Ferse nach unten. Linker Arm und linkes Bein liegen dabei ganz locker.

Wechsle dann und dehne entsprechend nur die linke Seite. Dehne dann auch diagonal:

Das heißt, dehne gleichzeitig über die linke Ferse nach unten und über den rechten Handballen nach oben. Rechtes Bein und linker Arm liegen dabei ganz locker. Wechsle dann und dehne entsprechend nur über rechte Ferse und linken Handballen.

Zum Abschluss kannst Du beide Diagonalen gleichzeitig dehnen.

Bringe dann die Arme wieder seitlich neben den Körper und spüre nach.

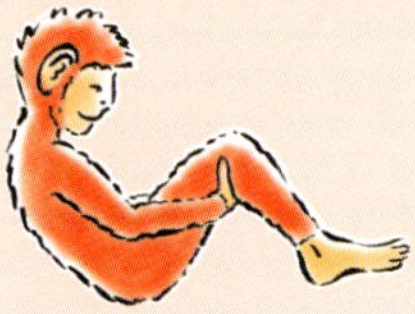

Rückenrollen

In der Rückenlage stelle Deine Beine auf. Fasse mit den Händen unter den Knien an der Rückseite der Oberschenkel. Ziehe dann Deine Knie an den Körper heran.

Auf dem nun runden Rücken kannst Du schaukeln. Vor und zurück.

Halte Deine Stirn in Richtung Knie.

Hinweis: Bevor Du diese Übung ausführst, schaue noch einmal, dass nicht irgendetwas Kantiges hinter Dir steht oder Du zu nah an einer Heizung bist, damit Du Dir nicht den Kopf stoßen kannst!

Yoga Mudra – balasana

Komme in den Fersensitz. Lege Deinen Oberkörper auf den Oberschenkeln ab. Dein Kopf liegt mit der Stirn auf dem Boden. Die Arme lege seitlich nach hinten, mit den Handflächen nach oben geöffnet.

Atme ruhig und gleichmäßig für eine Weile in dieser Haltung.

Komme dann wieder hoch in den Fersensitz und verweile einen Moment.

Hinweis: Wenn Du nicht mit der Stirn auf den Boden kommst und/oder Dein Po nicht auf den Fersen bleibt, dann lege Deine Fäuste übereinander und dann die Stirn darauf. Ist das auch noch nicht hoch genug, so kannst Du ein Kissen zu Hilfe nehmen.

nach unten schauender Hund – adho mukha svanasana

Stelle Deine Arme nach vorne auf dem Boden auf.

Die Fersen gehen ein wenig vom Boden weg. Deine Hände stehen vollflächig auf dem Boden. Hände und Arme sind parallel.

Bleibe zunächst leicht angewinkelt in den Knien.

Nimm Deine Beine wahr, wenn Du sie jetzt langsam durchdrückst.

Gehe nur so weit, wie es Dir gut tut.

Mache Deinen Rücken lang mit der Idee, dass Du das untere Ende hoch streckst. Stelle Dir vor, Du bist ein Hund, der sich lang dehnt.

Hund „pieselt"

Der Hund muss natürlich auch mal ein Bein heben und sein Geschäft machen.

Aber, weil wir ja im Yoga sind, macht er das nach rechts und nach links abwechselnd. Erst das eine Bein lang nach hinten oben heraus, dann das andere.

Yogichi zeigt noch eine andere Möglichkeit:

Man kann das Bein auch nach hinten heben. Das Knie geht gleichzeitig nach außen.

Probiere aus, welche Variante sich für Dich angenehmer anfühlt.

Zum Auflösen kommen die Hände langsam wieder zurück Richtung Füße.

Richte Dich auf, von unten nach oben.

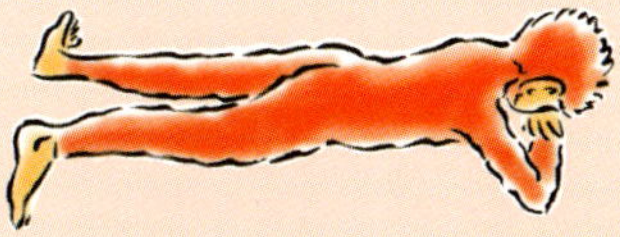

Delphin – makarasana

Lege Dich auf den Bauch. Lege Deine Hände übereinander, so dass Du Deine Stirn auflegen kannst. Grätsche Deine Beine ungefähr schulterbreit. Nun dehne Deine Füße über die Fersen nach unten. Gleichzeitig ziehe Deine Zehen Richtung Knie. Das ergibt eine intensive Dehnung in den Beinen. Versuche aber, sonst ganz locker zu liegen: Gesäßmuskeln, Rücken und Schultern sollten entspannt sein. Auch Dein Gesicht und Deine Zunge sind gelöst. Halte nun die Dehnung und atme gleichmäßig ein und aus. Stelle Dir vor, Du bist ein Delphin und schwimmst aus reiner Lebensfreude jeden Tag 200 Kilometer durch's Meer. Schön, oder?

Halbkerze – viparita-karani

Variante: Fäuste unter dem Po

Lege Dich in die Rückenlage und stelle Deine Füße auf.

Hebe Dein Gesäß ein wenig an und lege Deine Fäuste darunter.

Mit etwas Schwung bringe Deine Knie Richtung Brust.

Dann strecke langsam Deine Beine nach oben.

Lasse Deine Füße locker hängen .

Der Kopf liegt am Boden.

Atme ruhig und langsam in den Bauch.

Die Haltung löst Du auf, indem Du die Knie wieder Richtung Brust bringst, Beine ablegst und die Fäuste unter dem Po zurückziehst.

Und dann? Liegen, loslassen und nachspüren.

Bleibe für mindestens so lange Zeit in der Rückenlage liegen, wie Du vorher in der Position der Halbkerze warst. Nutze dazu die Haltung:

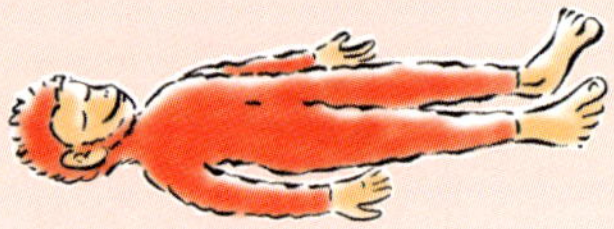

entspannte Rückenlage – Shavasana

Diese Reihe in Bildform findest Du vorne im Buch ab S. 18.

Zeitlupen-Reihe

aufrechter Stand – tadasana

Zuerst stehst Du auf beiden Füßen und lässt Deine Arme seitlich herunterhängen.

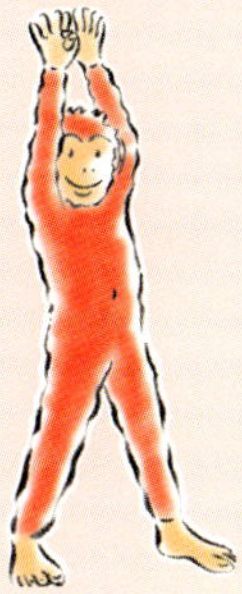

Dann stelle Dich gegrätscht hin und führe Deine Arme gedehnt nach oben.

Verschränke die beiden Daumen.

Halte eine Weile die Arme lang nach oben gedehnt.

Atme dabei ruhig und gleichmäßig.

Achte darauf, dass Dein unterer Rücken aufgerichtet bleibt und kein Hohlkreuz bildet.

Klappmesser – uttanasana

Stelle Dir vor, Du machst eine Bewegung wie ein Taschenmesser, das eingeklappt wird. Du stehst aufrecht, die Beine bleiben lang.

Der Kopf sinkt nach vorne, die Schultern hängen nach vorne.

Lasse auch die Arme hängen. Der ganze Oberkörper sinkt nach vorn unten, alles hängt nach unten herunter.

Mund, Zunge, Unterkiefer ebenfalls locker lassen.

Stelle Dir vor, wie aller Druck von den Schultern abfließt über die Arme und aus den Fingerspitzen heraus.

Dann bringe die Knie leicht nach vorne, leicht angehockt, und komme langsam wieder hoch zum aufrechten Stand.

Erst ganz zum Schluß hebe den Kopf langsam hoch.

Die Schultern bleiben locker.

Uttanasana (das Klappmesser) kannst Du entweder länger halten (für 8 bis 12 Atemzüge) oder 2x hintereinander wiederholen.

nach unten schauender Hund – adho mukha svanasana

Stelle Deine Arme nach vorne auf dem Boden auf.

Die Fersen gehen ein wenig vom Boden weg.

Stelle Deine Hände vollflächig auf den Boden.

Die Hände und Arme sind parallel.

Die Beine sind zunächst leicht angewinkelt in den Knien. Wenn es leicht geht, kannst Du sie auch durchdrücken. Achte aber vor allem auf Deinen Rücken!

Den Rücken halte lang gedehnt mit der Vorstellung „den Po hoch zur Decke" zu schieben. Stelle Dir vor, Du bist ein Hund, der sich lang dehnt.

Zum Auflösen kommen die Hände langsam wieder zurück Richtung Füße und dann, wie beim Klappmesser, aufrichten, von unten nach oben.

Yoga Mudra – balasana

Komme in den Fersensitz.

Lege Deinen Oberkörper auf den Oberschenkeln ab.

Dein Kopf liegt mit der Stirn auf dem Boden.

Die Arme lege seitlich nach hinten, mit den Handflächen nach oben geöffnet.

Atme ruhig und gleichmäßig für eine Weile in dieser Haltung.

Komme dann wieder hoch in den Fersensitz und verweile einen Moment.

Drehsitz – ardha matsyendrasana

Variante: unteres Bein lang, Ellbogen an Knie, Hand dazu nach oben

Setze Dich mit den Beinen nach vorn ausgestreckt.

Stelle nun den rechten Fuß neben das linke Knie.

Deine linke Hand greift an die (rechte) Außenseite des rechten Knies.

Die rechte Hand stütze hinten auf, nah am Gesäß .

Den Kopf drehe nun langsam und schaue über Deine rechte Schulter nach hinten, soweit möglich.

Bleibe aufgerichtet im Rücken und atme tief und ruhig in den Bauch.

Löse die Haltung auf.

Dann wechsle zur anderen Seite:

Langsitz, linken Fuß aufgestellt neben dem rechten Knie.

Jetzt greift Deine rechte Hand nach dem linken Knie.

Mit der linken Hand stütze Dich hinten auf.

Den Kopf drehe nun langsam, soweit es leicht geht, über die linke Schulter.

Halbkerze – wiparita-karani

Lege Dich in die Rückenlage und stelle Deine Füße auf.

Bringe die Hände ans Gesäß, flach auf dem Boden.

Nimm Schwung auf und bringe Deine Knie Richtung Brust.

Jetzt lege Deine Hände an den Po und stütze so den Rücken.

Der Kopf liegt auf dem Boden.

Versuche, die Füße und die Beine lang zu machen und nach oben zu dehnen so weit es geht.

Die Füße lasse locker.

Im Mundbereich bleibe ganz entspannt. Auch die Zunge ist locker.

Um die Haltung aufzulösen, bringe die Knie wieder Richtung Brust, so als wenn Du „zusammenklappen" wolltest.

Lasse Wirbel für Wirbel den Rücken auf der Matte abrollen, aber halte mit den Händen den Po und stütze so Deinen Rücken.

Stelle die Füße auf und lasse sie nach vorne ausgleiten.

Liegen, loslassen und nachspüren.

Bleibe für mindestens so lange Zeit in der Rückenlage liegen, wie Du vorher in der Position der Halbkerze warst.

Diese Reihe in Bildform findest Du vorne im Buch ab S. 24.

Yoga kommt aus Indien

Namaste

Der indische Gruß unter Yogis, bedeutet soviel wie „Ich begrüße das Lebendige in Dir".

Drücke Deine Handflächen gegeneinander.

Füße fest auf dem Boden.

Berghaltung – tadasana

Stelle Dich in den Dreieck-Stand.

Bringe dazu die Arme seitlich hoch und lang nach oben.

Die Handflächen bringe über Deinem Kopf gegeneinander, Daumen über Kreuz.

Hockstellung – Variation utkasana

Deine Oberschenkel sind parallel zum Boden, wenn möglich.

Jeweils ausatmend drehe mit Deinem Oberkörper nach links bzw. rechts.

Strecke Deine Arme in Schulterhöhe aus, um „die Weite" zu zeigen.

Komme zurück zur Mitte jeweils mit einer Einatmung.

Mache mehrere Wechsel.

Dschungelbaum

Yogichi fragt: Wie sieht Dein Dschungelbaum aus? So?

Du musst nicht Yogichis komischen „Baum" nachmachen.

Zeige mal, wie Dein „Dschungelbaum" aussieht!

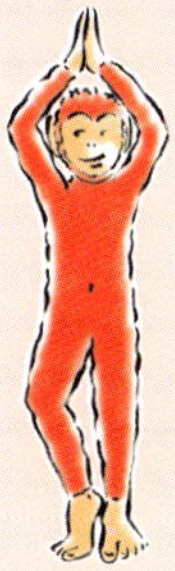

Yoga-Baum – vrksasana

Stelle Dich auf beide Füße, die ein wenig auseinander stehen.

Setze einen Fuß mit der Ferse auf den Spann des anderen. Dadurch ergibt sich eine leichte Drehung in den Beinen, die Du im Becken und Oberkörper mitmachst.

Spüre, wie Du stehst.

Hebe Deine Arme über die Seite nach oben.

Lasse Deinen Atem fließen und „fühle Dich als Baum".

Halte nur so lange, wie es leicht geht, ca. 4-5 Atemzüge am Anfang.

Komme dann wieder auf beide Füße und lasse Deine Arme sinken.

Wiederhole die Übung und stelle jetzt den unteren Fuß auf den zuvor oberen.

Spüre wieder Deinen Stand als gut verwurzelter Baum.

Liane – Variation ardha chandrasana

Stelle Dich schulterbreit gegrätscht hin. Beide Füße zeigen nach vorne. Bringe die Arme seitlich neben dem Körper hoch über den Kopf und lege die Finger ineinander. Stelle Dir vor, Deine Hände sind die Liane, die über einem Ast hängt. Strecke Dich lang nach oben und dehne Dich aus der Körpermitte mit der Hüfte nach rechts, soweit es leicht geht. Lasse Deinen Atem fließen und schwinge Deine Hüfte zurück zur Mitte und gleich weiter nach links. Wiederhole diese Schwünge der „Liane" nach rechts und links noch 2-3x und lasse dabei Deinen Atem ruhig fließen. Mache eine kurze Pause und lasse Deine Arme seitlich herunterhängen.

Weiter geht es mit der Vorstellung, dass die Liane sich vor und zurück bewegt.

Dazu strecke Deine Arme wieder nach oben. Schiebe nun Dein Becken sanft nach vorne. Die Hände bleiben aber über den Füßen! Achte also darauf, dass Du Dich nicht zu weit nach hinten beugst. Das wäre auch nicht so gut für Deinen unteren Rücken. Komme in einer gleichmäßigen Bewegung wieder zurück und schiebe nun das Gesäß langsam nach hinten. Dadurch beugst Du Dich nach vorne. Wieder sollen die Hände über den Füßen bleiben. Wiederhole auch diesen Ablauf 2-3x und denke daran, den Atem „fließen" zu lassen, ganz ruhig und gleichmäßig ein und aus.

Komme dann zurück, lasse Deine Arme wieder hängen und spüre im Stand einen Moment nach.

Schlange

Bewege Dich zunächst frei wie eine Schlange. Schlängle Dich auf dem Boden ein Stück vorwärts. Und dann rückwärts.

Auf dem glatten Boden geht es leichter als auf einer rutschfesten Yogamatte!

Kobra – bhujangasana

Dafür strecke Deine Beine lang nach hinten und lege sie fest aneinander ab.

Lege Deine Hände unter die Schultern auf den Boden.

Deine Ellbogen sollen nah am Körper sein.

Spanne Deine Gesäßmuskeln an, um den unteren Rücken zu stützen.

Hebe Deinen Kopf nur soweit, wie es geht.

Drücke nicht mit Deinen Armen nach oben!

Lasse Deinen Atem ruhig fließen und komme nach 3-4 Atemzügen wieder zurück. Lege Dich ganz entspannt auf den Bauch.

Drehe den Kopf zu einer Seite und lege ihn auf der Wange ab.

Deine Füße sind wieder ganz locker.

Stelle Dir vor, Du bist eine Schlange, die im warmen Sand vor sich hindöst.

Du kannst die Kobra-Haltung gerne noch 2-3x wiederholen, wenn Du magst.

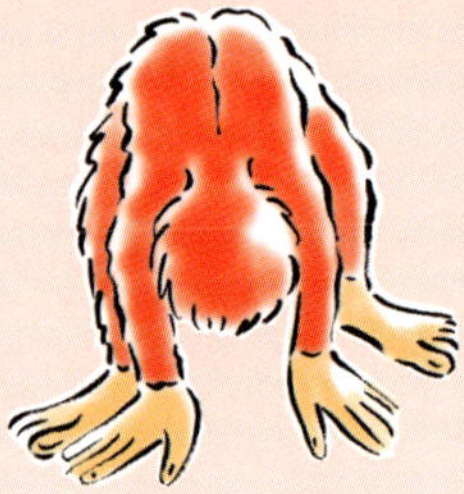

Spinne

Stelle Dich auf „alle Viere", aber so, dass beide Hände und beide Füße nach außen zeigen. Lasse den Kopf locker.

Spinnen haben eigentlich acht Beine und wir jetzt nur vier.

Aber trotzdem laufen die Spinnen auf einer Seite immer nur mit zwei Beinen.

Jetzt kannst Du wie eine Spinne laufen, nämlich so:

Laufe mit Deiner rechten Hand und Deinem rechten Bein los, dann linker Arm und linkes Bein gleichzeitig usw.

Laufe einmal um Deine Yogamatte und atme dabei tief und gleichmäßig.

Spinne rollt sich zusammen – balasana

Komme in den Fersensitz. Lege Deinen Oberkörper auf den Oberschenkeln ab. Dein Kopf sollte mit der Stirn auf dem Boden aufliegen.

Der Nacken darf lang dehnen.

Dein Atem geht möglichst tief bis in den Bauch.

Die Arme lege seitlich nach hinten ab, mit den Handflächen nach oben geöffnet.

Hinweis: Wenn Du nicht mit der Stirn auf den Boden kommst und/ oder Dein Po nicht auf den Fersen bleibt, dann lege Deine Fäuste übereinander und dann die Stirn darauf. Ist das auch noch nicht hoch genug, so kannst Du ein Kissen zu Hilfe nehmen.

Schmetterling – bhadrasana

Setze Dich auf den Po.

Deine Beine werden die Flügel des Schmetterlings sein.

Bringe dafür Deine Fußsohlen gegeneinander. Deine Hände umschlingen die Füße. Halte Deinen Rücken aufgerichtet, indem Du Deinen Bauch ein wenig nach vorn schiebst.

Bewege nun Deine Beine auf und ab wie Flügel. Lasse Deinen Atem dabei fließen.

Dann kannst Du wie ein Schmetterling dazu summen. Und zwar geht das in einer Ausatmung von „M", das langsam in ein „N" übergeht.

Dieses Summen kannst Du 8x wiederholen.

Auch ohne den Beinschlag als „Schmetterlingsflügel" ist dieses „M-N-Summen" eine gute Hilfe zur Konzentration, gegen Lampenfieber und bei „Lernfrust".

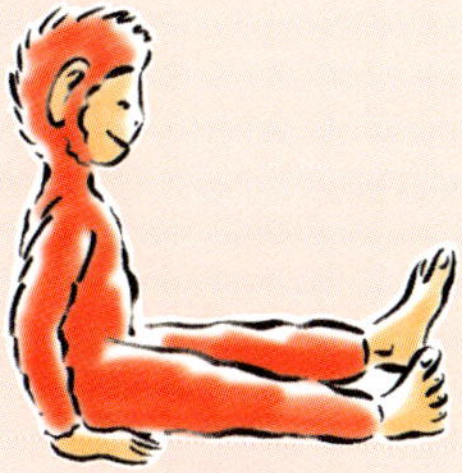

Strecke dann Deine Beine wieder aus und schüttle sie auf dem Boden auf.

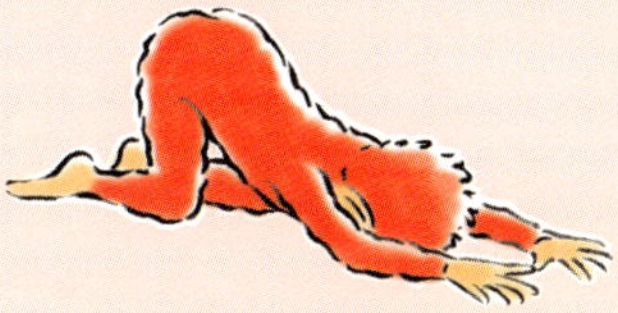

Tiger-Dehnung – Variation majariasana

Komme in den Fersensitz und stelle die Hände vor die Knie. Lege den Kopf zwischen die Hände vor die Knie und schiebe die Arme nach vorne. Dein Rücken wird lang. Stelle Deine Ellbogen seitlich heraus, so dass sich die Fingerspitzen vorne leicht berühren. Dein Gesäß geht mit hoch, bleibt aber hinter den Knien. Lege Deinen Kopf mit der Stirn auf den Boden.

Lasse nun Deinen Rücken durchhängen. Gähne geräuschvoll in dieser Haltung.

Vom Gesäß aus zieht es Dich wieder zurück, bis Du auf den Fersen sitzt.

Tiger-Sitz – simhasana

Setze Dich wieder auf Deine Fersen. Die Knie sind jetzt leicht geöffnet.

Deine Hände sind nebeneinander zwischen den Knien aufgestellt.

Strecke Deinen Rücken lang bis über den Nacken und zum Hinterkopf/Scheitel,

Nun stelle Dir vor, Du bist ein Tiger, der gähnt – simhasana:

Strecke Deine Zunge weit heraus und atme aus. Mit der Einatmung geht die Zunge wieder zurück. Strecke noch 2-3x mit der Ausatmung Deine Zunge weit heraus. Das macht nicht nur Spass, das ist auch gut für Deine Stimme. Die Yogis sagen, dass es sogar Heiserkeit und Husten vorbeugt! Na, dann!

Tiger, der sich umschaut

Drehe Deinen Kopf langsam in einer fließenden Bewegung nach rechts und links.

Wiederhole das mehrfach und atme dabei ruhig und gleichmäßig.

Der Tiger schaut nach oben und unten.

Dafür lege Deinen Kopf sanft in den Nacken und hebe ihn.

Dann lasse ihn sinken, bis Dein Kinn fast die Brust berührt.

Wiederhole auch dies mehrfach und atme dabei ruhig und gleichmäßig.

Nun schaut der Tiger nur mit den Augen nach links und rechts!

Der Kopf bleibt also nach vorne ausgerichtet.

Bewege Deine Augen von rechts nach links und umgekehrt.

Danach schaue nur mit den Augen auch nach oben und unten.

Wiederhole auch dies mehrfach und atme dabei ruhig und gleichmäßig.

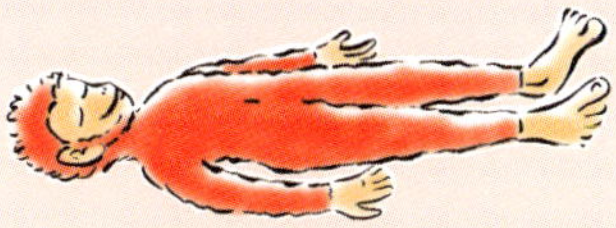

Tiger-Entspannung – shavasana

Stelle Dir vor, Du bist stark, mutig und gelassen wie ein Tiger:

Rolle Dich auf den Rücken.

Lasse alle Muskeln locker und strecke Dich wohlig.

Die „Tigerzunge" ist gelöst vom Gaumen und liegt locker an den unteren Zähnen.

Atme ruhig und tief durch die Nase ein und aus.

Stelle Dir vor, Du bist ein Tiger.

Du liegst sicher im Dschungel.

Du spürst unter Dir das warme, weiche Gras.

Der Boden ist warm und trägt Dich.

Du kannst ganz loslassen.

Als Tiger bist Du stark.

Du liegst sicher und ruhig.

Du brauchst Dich vor nichts und niemandem zu fürchten.

Du liegst ruhig und sicher.

Du bist mutig, stark und gelassen.

Atme tief ein und stelle Dir vor, dass Du mit dieser Einatmung ganz viel Mut aufnimmst.

Mit der Ausatmung, die danach kommt, verteilt sich dieser „Mut des Tigers" in Deinem ganzen Körper.

Wiederhole das ein paar Mal.

Beim nächsten Üben kannst Du auch die Kraft oder Gelassenheit des Tigers mit dieser Atmung aufnehmen.

Denke bitte unbedingt an die Rücknahme!

Also: dehne Dich, strecke und räkle Dich!

Komme aus dem Dschungel zurück auf Deine Matte.

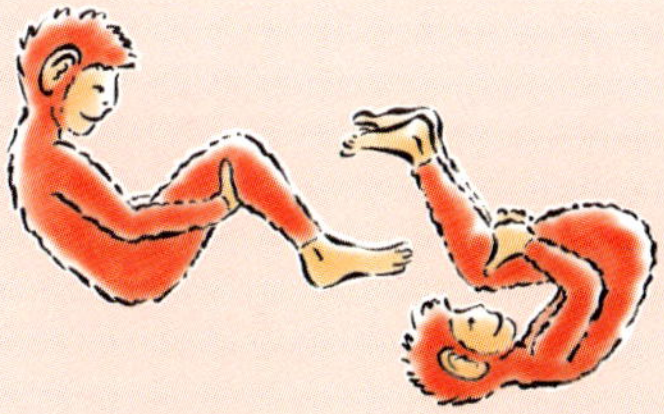

Rückenschaukel

Mit kräftigem Rückenschaukeln mache Dich wieder wach und komme hoch zum Stand.

Namaste

Der indische Gruß unter Yogis bedeutet soviel wie „Ich begrüße das Lebendige in Dir".

Drücke Deine Handflächen gegeneinander.

Füße fest auf dem Boden.

Diese Reihe in Bildform findest Du vorne im Buch ab S. 36.

Wir finden einen Schatz

Dünen – aufrechter Stand – tadasana Variation

Stelle Dich aufrecht hin. Dein rechter und linker Fuß sollen gleichmäßig belastet sein. Du kannst ein bisschen hin und her pendeln, um die Position zu finden, in der beide Füße gleich stark belastet sind. Hebe die Arme und führe sie langgestreckt über dem Kopf zusammen. Dehne Dich lang nach oben und stelle Dir vor, eine hohe Düne zu sein.

Strandhafer

Bleibe im Stand und lasse nun den Strandhafer wachsen: Bringe Deine Arme wieder lang über den Kopf, dehne Dich nach oben, bis auf die Zehenspitzen und Zehenballen.

Die Hände fallen locker nach außen, das sind die Blätter.

Bleibe in der Position für einen Moment und atme dabei ruhig und gleichmäßig. Dann komme wieder zum normalen Stand und lasse Deine Arme seitlich herunter. Wiederhole noch ein paar Mal, denn es steht ja immer viel Strandhafer auf einer Düne.

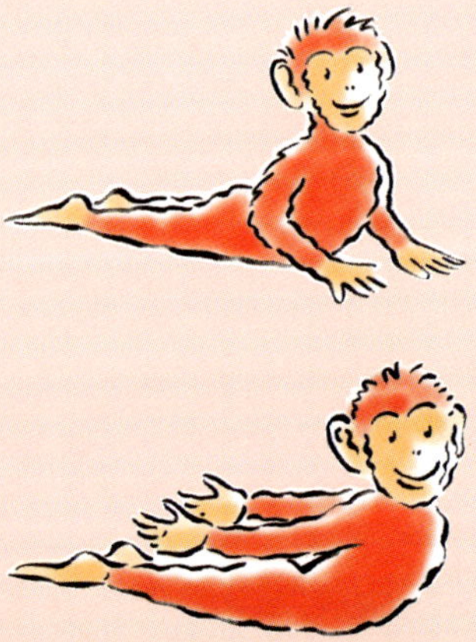

Robben – bhujangasana-Variationen

Komme in die Bauchlage. Strecke Deine Beine lang nach hinten und lege sie fest aneinander ab. Lege Deine Arme so, dass Deine Hände unter den Schultern am Boden liegen und die Ellbogen nah am Körper sind. Nun spanne Deine Gesäßmuskeln fest an. Hebe Deinen Kopf nur soweit, wie es Dir ohne Unterstützung der Arme möglich ist. Lasse Deinen Atem ruhig fließen und komme nach 3-4 Atemzügen wieder zurück. Lege Dich ganz entspannt auf den Bauch. Drehe den Kopf zu einer Seite und lege ihn auf der Wange ab. Deine Füße sind wieder ganz locker. Stelle Dir vor, Du bist eine Robbe, die auf einer Sandbank liegt.

Du kannst diese Haltung gerne noch 2-3x wiederholen, wenn Du magst.

Die Robben bewegen sich auf und ab. Nimm die Arme nach hinten und komme mit einer Einatmung hoch, mit einer Ausatmung lege Dich wieder auf den Bauch. Das kannst du mehrmals wiederholen.

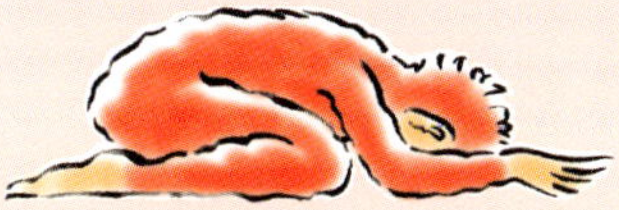

Yoga Mudra – balasana

Komme in den Fersensitz. Lege Deinen Oberkörper auf den Oberschenkeln ab. Dein Kopf liegt mit der Stirn auf dem Boden.

Die Arme lege seitlich nach hinten, mit den Handflächen nach oben geöffnet. Atme ruhig und gleichmäßig für eine Weile in dieser Haltung. Komme dann wieder hoch in den Fersensitz und verweile einen Moment.

Wellen

So wie die echten Wellen am Strand anbranden und abfließen, solltest Du auch diese Übung fließend und im Wechsel üben.

Es geht los im Kniestand, die Arme nach vorne ausgestreckt. Atme dabei ein. Aus dieser Position komme herunter in die „Haltung des Kindes" (s. auch S. 15) und atme tief aus. Mit einer Einatmung komme wieder hoch zum Kniestand. Wiederhole diese Abfolge mehrmals nacheinander. Im Kniestand kannst Du zusätzlich Deine Arme wie Wellen leicht auf und ab bewegen.

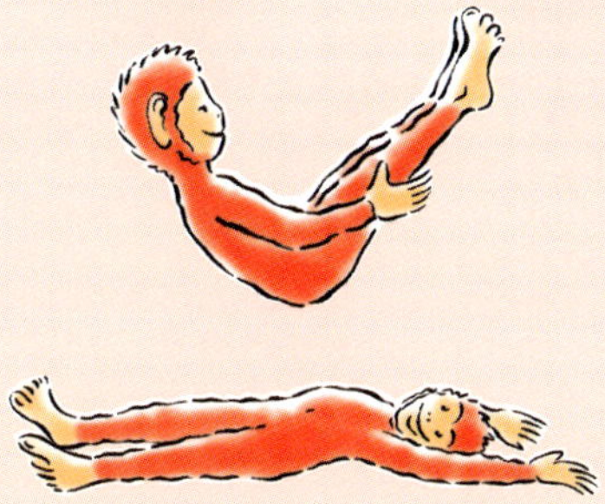

Boot – navasana

Probiere eine der Boot-Haltungen aus, die Dir Yogichi zeigt.

Für die erste komme in die Rückenlage. Strecke Dich lang und stelle Dir vor, Du bist ein langer Kahn. Oder ein Floß.

Beginne die andere Boots-Haltung ebenfalls in der Rückenlage. Beginne mit einer Ausatmung und hebe dabei Deine Beine an. Atme sofort fließend weiter. Nun hebe Kopf und Oberkörper, indem Du wieder ausatmest. Atme auch jetzt gleich weiter und versuche, Deine Hände an den Beinen anzulegen. Nun kannst Du Dich als Boot fühlen, das auf dem Meer treibt.

Halte nur so lange, wie es Dir angenehm ist. Komme zurück in die Rückenlage und wiederhole einmal die erste Boots-Haltung zum Entspannen.

Fisch

Drehe Dich in die Bauchlage. Falte auf dem Rücken Deine Hände. Das ist als Fisch Deine „Rückenflosse". Atme ruhig und tief in den Bauch dabei. Halte für ein paar Atemzüge.

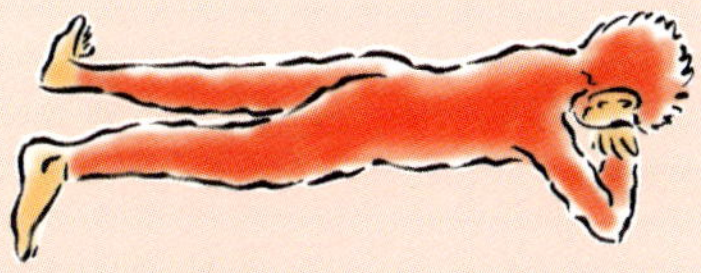

Delphin – makarasana

Bleibe in der Bauchlage. Lege Deine Hände übereinander, so dass Du Deine Stirn auflegen kannst. Grätsche Deine Beine ungefähr schulterbreit. Nun dehne Deine Füße über die Fersen nach unten. Gleichzeitig ziehe Deine Zehen Richtung Knie. Das ergibt eine intensive Dehnung in den Beinen. Versuche aber, sonst ganz locker zu liegen: Gesäßmuskeln, Rücken und Schultern sollten entspannt sein. Auch Dein Gesicht und Deine Zunge.

Halte die Dehnung und stelle Dir vor, Du bist ein Delphin und schwimmst aus reiner Lebensfreude jeden Tag bis zu 200 Kilometer durch das Meer.

Palmen – vrksasana-Variationen

Wir sind auf einer Insel angekommen. Darauf stehen viele Palmen.

Komme zurück in den Stand und dehne Dich lang. Verlagere Dein Gewicht auf ein Bein und stelle den anderen Fuß am Fußgelenk des Standbeines an.

Oder, als Variante: Stelle den Fuß an das Knie des Standbeines.

Deine Arme sind die Palmwedel. Du kannst sie „geschlossen" halten, indem Du Deine Hände gegeneinander legst, Daumen über Kreuz. Oder Du lässt sie im Wind wedeln, mit leicht geöffneter Armhaltung.

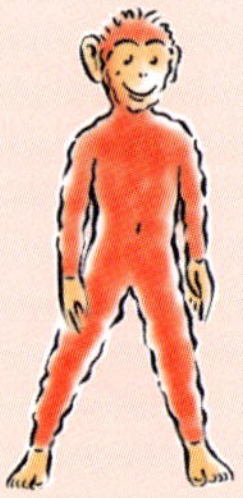

Vulkan

In der Mitte der Insel befindet sich ein Vulkan. Stelle Dich aufrecht mit gegrätschten Beinen hin. Spüre Dich als mächtigen Vulkan.

Vulkan-Ausbruch

Es kommt zu einem Ausbruch dieses Vulkans.

Mit einer Einatmung beschreibe einen Innenarmkreis nach oben.

Wenn Deine Hände ungefähr auf Brusthöhe sind, dann „schleudere" die Lava nach oben. Werfe Deine Hände nach oben mit einer lauten Ausatmung auf „U-Ah". Das ist Dein „Vulkanausbruch", den Du noch ein paar Mal wiederholen kannst.

Vulkanausbruch überstanden – Variationen virabhadrasana

Nun, da Du sogar einen Vulkanausbruch überstanden hast, kannst Du Dich freuen. Du bist mutig und stark.

Stelle Dich gegrätscht hin, einen Fuß voraus, den hinteren Fuß ein wenig abgewinkelt. Hebe beide Arme über den Kopf, verhake die Daumen ineinander, dehne Dich lang nach oben. Erst das eine Bein, dann das andere Bein nach vorne.

Wir sehen die Schatzkiste – virabhadrasana

Strecke nun den einen Arm über das vordere Bein aus, den anderen halte ungefähr auf gleicher Höhe nach hinten.

Gehe leicht in die Kniebeuge mit dem vorderen Bein. Das hintere Bein bleibt lang. Atme ruhig und tief. Du bist mutig und stark.

Wiederhole nun diese Position mit dem anderen Bein. Insgesamt kannst Du 2-3x zu jeder Seite abwechselnd wiederholen.

Schatzkiste gefunden! – pashimottanasana

Zum guten Schluss finden wir sogar eine Piratenschatzkiste.

Komme dazu auf den Boden in den Langsitz.

Beuge Dich nach vorne mit gestreckten Armen und langem Rücken, um die Truhe zu schließen. Atme ein paar Mal tief und ruhig in den Bauch.

Komme mit einer Ausatmung beginnend hoch. Der Deckel der Schatzkiste öffnet sich. Wiederhole ein paar Mal das Öffnen und Schließen der Kiste: Ausatmend komme hoch. Atme ein und mit der folgenden Ausatmung gehe wieder hinunter, so dass die Kiste sich schließt. Atme tief ein und ausatmend komme wieder hoch usw. für 2-3 Wiederholungen.

Was mag wohl in der Schatztruhe sein?

Lege Dich zum Abschluss für eine Weile auf den Rücken und lasse alle Muskeln locker.

Stelle Dir vor, Du liegst ganz entspannt am Strand der Palmeninsel.

Diese Reihe in Bildform findest Du vorne im Buch ab S. 48.

Macht Dich stark und gibt Energie

Schütteln

Beginne im Stand. Schüttle Deinen ganzen Körper durch und zapple auf der Stelle.

Schattenboxen

Bringe Deine Fäuste ungefähr auf Höhe Deines Brustbeins.

Lasse Deine rechte Faust nach vorn heraus bis zum ausgestreckten Arm.

In dieser Zeit bleibt Deine linke Faust noch vor dem Brustbein.

Bringe die rechte Faust zurück auf gleicher Linie und darüber gleiche Bewegung mit linker Faust (Faust geht nach vorn raus bis zum ausgestreckten Arm). Atme dabei fließend durch die Nase, mit festen Luftstößen.

Beginne langsam und werde später immer schneller.

aufrechter Stand – tadasana

Rechter und linker Fuß sind gleichmäßig belastet. Du kannst ein bisschen hin und her pendeln, um die Position zu finden, in der beide Füße gleich stark belastet sind.

Held – virabhadrasana

Nach dem erfolgreichen Speerwerfen stelle Dich in Heldenpose auf.

Dafür stehe breit gegrätscht und drehe dann den rechten Fuß nach außen.

Der linke Fuß dreht nur ein wenig mit.

Schiebe am rechten Bein Dein Knie nach vorn, bis es über dem Fußgelenk steht.

Dein Blick geht in die Weite. Du hast Mut und Ausdauer.

Übe beide Seiten je 2x.

Speerwerfen

Stelle Deinen linken Fuß voraus. Deinen rechten Fuß stelle nach hinten, nach außen abgewinkelt.

In Deiner rechten Hand hältst Du einen imaginären „Speer".

Stelle Dir vor, wie schwer er sein könnte und wie er sich anfühlt.

Dein linker Arm ist nach vorne ausgestreckt.

In der jetzt hinteren rechten Hand ruht der „Speer".

Atme tief ein.

Mit der Ausatmung

Ziehe den rechten Arm von hinten nach vorne durch.

Folge dem „fliegenden Speer" mit dem Blick. Gleichzeitig kommst Du mit Deinem linken Arm von vorn nach hinten unten.

Das gibt nämlich richtig Schwung.

Du kannst den „Speerwurf" noch 2-3x wiederholen.

Wechsle dann und werfe mit der linken Hand „den Speer".

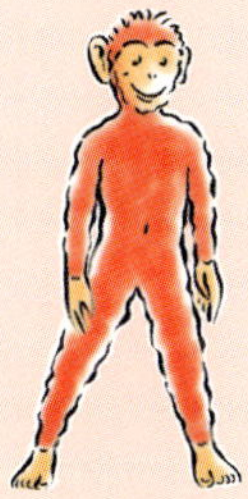

Berg – Variation tadasana

Stelle Dich in einen sicheren Stand, aufrecht. Die Beine sind leicht gegrätscht.

Du stehst sicher wie ein Berg.

Krokodil – nakrasana

Komme in die Rückenlage. Stelle Deine Beine auf.

Halte Deine Knie und Füße fest aneinander.

Lege Deine Beine nach rechts ab, wobei Knie auf Knie bleibt und Fußknöchel auf unterem Knöchel.

Drehe Deinen Kopf zur anderen Seite, also nach links.

Dann komme zurück in die Ausgangslage und führe die Bewegung zur anderen Seite aus. Deine Beine gehen also nach links und der Kopf dreht nach rechts.

Übe den gesamten Ablauf 2x zu jeder Seite.

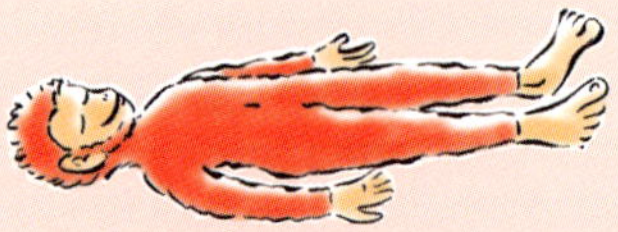

Entspannte Rückenlage – shavasana

Bleibe in der Rückenlage. Entspanne alle Muskeln und liege ganz locker.

Auch Deine Zunge lasse locker im Mund liegen.

Atme circa 12 x tief und gleichmäßig zu Deiner Hand, die flach auf dem Bauch ruht. Um zurück zu kommen, mache die Rückenschaukel.

Rückenschaukel

Dazu stelle Deine Füße auf.

Fasse mit den Händen unter die Knie und ziehe sie an den Körper heran.

Auf Deinem runden Rücken kannst Du schaukeln – vor und zurück.

Halte dabei Deinen Kopf ein wenig Richtung Knie.

Hinweis: Bevor Du diese Übung ausführst, schaue noch einmal, dass nicht irgendetwas Kantiges hinter Dir steht oder Du zu nah an einer Heizung bist, damit Du Dir nicht den Kopf stoßen kannst!

Schaukle auf dem Rücken mit immer mehr Schwung,

rolle über den ganzen Rücken ab bis zum Kopf und bis fast zum Sitz.

Zum Abschluss schwinge Dich dann hoch in den Sitz und lasse die Beine nach vorne ausgleiten.

Reibe Deine Hände aneinander und komme hoch zum Stand.

Am Abend lasse die Rückenschaukel weg und rolle Dich stattdessen sanft über die Seite hoch.

Namaste

Diese Reihe in Bildform findest Du vorne im Buch ab S. 58.

Werde konzentriert – ganz locker!

Locker mit „HAA"

Nimm im Stand beide Arme hoch mit der Einatmung. Lasse auf „HAA" beide Arme fallen und ausschwingen.

Wiederhole diese Armbewegung und das „HAA" ein paar Mal.

Zum Schluss kann Dein „HAA" ganz tief aus dem Bauch kommen.

Lasse die Arme ausschwingen und bleibe einen Moment einfach stehen.

Vorbeuge im Stand – uttanasana

Stelle Dich aufrecht hin.

Lasse dann Deinen Kopf nach vorne sinken.

Lasse Deine Schultern nach vorne hängen und ebenso Deine Arme.

Dein ganzer Oberkörper sinkt nach vorn unten.

Lasse alles nach unten hängen: Kopf, Arme, Schultern.

Auch Deine Zunge und den Unterkiefer lasse ganz locker.

Atme in dieser Position mehrere Atemzüge lang ruhig und gleichmäßig tief in den Bauch.

Zum Ende bringe Deine Knie leicht nach vorne und komme langsam wieder hoch zum aufrechten Stand.

Erst ganz zum Schluss hebe den Kopf.

Lasse Deine Schultern locker hängen.

Wenn Du magst, kannst Du noch einmal in diese Position gehen.

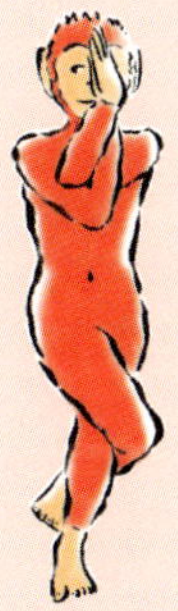

Adler – garudasana

Komme in den aufrechten Stand. Verlagere Dein Gewicht auf einen Fuß und „schlinge" den freien Fuß um das Schienbein des Standbeines.

Lege einen Arm mit dem Ellbogen in die Ellbogenbeuges des anderen Armes. Lege Deine Hände übereinander vor dem Gesicht, so dass sie wie ein Adlerschnabel aussehen. Halte Dich aufrecht und atme fließend.

Übe zuerst nur die Beinhaltung. Wenn Dir das gut gelingt, nimm die oben beschriebene Armhaltung dazu.

Übe beide Beine und später natürlich auch beide Beine und Arme.

Dein Blick ist scharf wie ein Adler, Du bist ganz konzentriert.

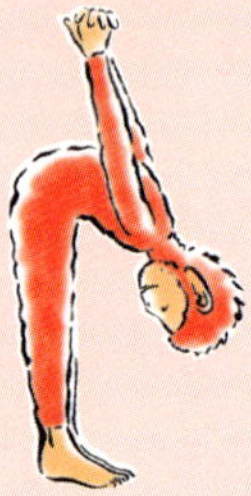

Brustexpander – parsvottanasana

Im Stand grätsche leicht Deine Beine.

Hebe Deine Arme nach vorn bis in Schulterhöhe und bringe die Handflächen gegeneinander. Mit einer weit ausholenden Bewegung führe Deine Arme nach hinten. Bringe die Hände wieder zusammen und falte sie ineinander.

Beuge zunächst mit langem Rücken den Oberkörper nach vorne, dann erst führe die Beugung im Rücken weiter.

Hebe jetzt die Arme nach vorn oben, Richtung Kopf, aber nur so weit bzw. hoch, wie es geht. Bitte nichts erzwingen! Lasse Deinen Kopf locker hängen und atme regelmäßig und tief in den Bauch.

Halte die Finger unbedingt verschränkt zusammen.

Komme aus der Haltung zurück, indem Du die Arme Richtung Rücken bringst, dann Dich im Rücken von unten nach oben wieder aufrichtest.

Zuletzt hebe langsam Deinen Kopf.

Erst danach löse Deine Finger und Hände voneinander und lasse sie locker hängen.

Zehenstand oder Hocke – utkasana

Aus dem Stand strecke die Arme nach vorne und komme mit geschlossenen Knien in die Hockstellung. Bringe Dein Gewicht auf die Fersen.

Hebe Deinen Po ein wenig, schiebe die Knie nach vorn und stelle Dich in die Hocke auf den Zehenspitzen. Halte Deine Oberschenkel waagerecht.

Deine Hände liegen locker auf den Knien. Fühlst Du Dich unsicher, stütze Dich mit den Händen am Boden.

Richte den Oberkörper soweit auf wie möglich und konzentriere Dich für mehrere Atemzüge auf einen Punkt auf dem Boden oder an der Wand vor Dir.

Löse in umgekehrter Reihenfolge auf.

Haltung des Kindes – balasana

Komme in den Fersensitz.

Lege Deinen Oberkörper langsam auf den Oberschenkeln ab.

Dein Kopf liegt mit der Stirn auf dem Boden.

Lege Deine Arme seitlich nach hinten ab. Öffne die Handflächen nach oben.

Wenn Du nicht mit der Stirn auf den Boden kommst und/oder Dein Po nicht auf den Fersen bleibt, dann lege Deine Fäuste übereinander und darauf Deine Stirn. Sollte das noch nicht hoch genug sein, kannst Du auch ein Kissen zu Hilfe nehmen.

Atme ruhig und tief in den Bauch, während Du in dieser Haltung bist.

Komme wieder hoch in den Fersensitz und verweile einen Moment.

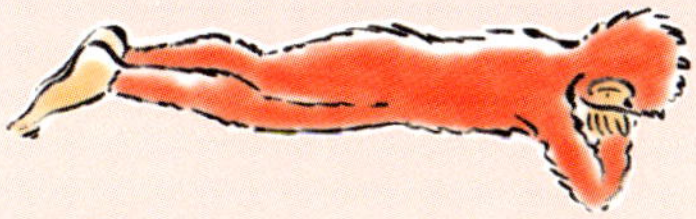

Krokodil in Bauchlage – nakrasana, Variation

Komme in die Bauchlage.

Bringe Deine Hände so übereinander, dass Du Deine Stirn darauf ablegen kannst.

Lege die Füße übereinander im Fußgelenk, zuerst der rechte Fuß über dem linken.

Dann drehe langsam das Becken nach oben rechts, so dass auch die Beine und Füße mitdrehen. Der linke Fuß bleibt dabei an seiner ursprünglichen Position. Deine Schultern bleiben locker am Boden, ebenso der Kopf.

Drehe Becken und Beine wieder zurück in die Ausgangslage und dann weiter wie zuvor, aber nun nach links. Wechsle die Richtung jeweils zweimal.

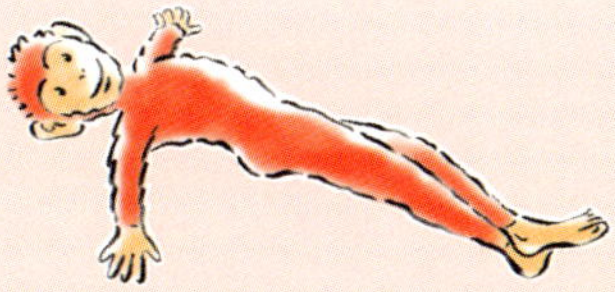

Du kannst diese Haltung abwechseln mit der nachfolgenden Variante:

Krokodil in Rückenlage – nakrasana, Variation

Komme in die Rückenlage.

Breite die Arme in Schulterhöhe am Boden aus.

Lege die Füße übereinander im Fußgelenk, zuerst der rechte Fuß über dem linken.

Dann drehe langsam das Becken nach oben rechts, so dass auch die Beine und Füße mitdrehen. Der linke Fuß bleibt dabei an seiner ursprünglichen Position. Beide Schultern bleiben locker am Boden. Der Kopf dreht leicht zur anderen Seite, jetzt also nach links.

Komme zurück zur Mitte und übe zur linken Seite.

Wiederhole diese Übung zweimal. Dann wechsle die Fußhaltung, so dass der linke Fuß über dem rechten Fuß liegt und wiederhole wieder beide Seiten zweimal.

Schulterstand – sarvangasana

Hinweis: Für diese Übung brauchst Du eine zusätzliche Unterlage als Schulterpolster. Das kann auch ein zusammengefaltetes Handtuch sein.

Lege in Rückenlage Deine Arme seitlich neben dem Körper ab.

Bringe das Schulterpolster unter die Schultern.

Kopf und Nacken liegen nicht auf diesem Polster, sondern auf der Matte!

Stelle die Füße auf und bringe mit ein wenig Schwung die Knie Richtung Brust.

Mit den Händen stütze den unteren Rücken.

Danach strecke Deine Beine lang nach oben. Je höher Du die Beine schiebst, umso länger wird der Rücken.

Deine Hände stützen jetzt den Rücken ab. Versuche so lange und aufgerichtet wie möglich zu werden.

In dieser Position verweile, aber lasse Deinen Atem fließen bis tief in den Bauch.

Deine Zunge ist locker, der Mund ein wenig geöffnet.

Komme zurück, indem Du Deinen Rücken Wirbel für Wirbel abrollst.

Wenn der Rücken wieder ganz aufliegt, stelle die Füße auf und lasse sie nach vorne ausgleiten.

Bleibe so lange in der Rückenlage und spüre nach, wie Du im aufgerichteten Schulterstand warst. So kann sich das Blut aus dem Kopf wieder im Körper verteilen. Stehe nicht abrupt auf nach dieser Übung!

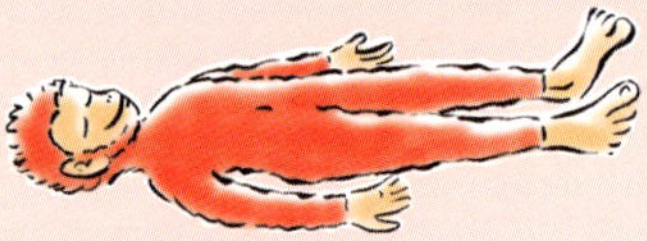

Entspannte Rückenlage – shavasana

In der Rückenlage lasse alle Muskeln ganz los.

Konzentriere Dich ganz auf dieses Loslassen:

In den Füßen, in den Beinen, in den Fingern, Händen und Armen.

Loslassen im Bauch, in der Brust, im Rücken und im Kopf.

Der Bereich um Deine Augen ist gelöst, die Augenlider sanft geschlossen.

Deine Zunge ist gelöst vom Gaumen. Sie liegt locker auf dem Mundboden.

Lasse den Unterkiefer locker. Die Lippen sind weich und ein wenig geöffnet.

Der Atem kommt und geht, ein und aus.

Rückenschaukel: hoch/wach

Zum Ende der Reihe schaukle Dich wach – mit der Rückenschaukel.

Dazu ziehe Deine Beine an, fasse sie mit den Händen unter den Knien an der Rückseite der Oberschenkel. Nun ziehe die Knie an den Körper heran.

Auf Deinem runden Rücken kannst Du nun schaukeln – vor und zurück.

Halte dabei Deinen Kopf ein wenig Richtung Knie.

Hinweis: Bevor Du diese Übung ausführst, schaue noch einmal, dass nicht irgendetwas Kantiges hinter Dir steht oder Du zu nah an einer Heizung bist, damit Du Dir nicht den Kopf stoßen kannst!

Schaukle auf dem Rücken mit immer mehr Schwung, rolle über den ganzen Rücken ab bis zum Kopf und bis fast zum Sitz.

Zum Abschluss schwinge Dich dann hoch in den Sitz und lasse die Beine nach vorne ausgleiten.

Reibe Deine Hände aneinander und komme hoch zum Stand.

Wenn Du diese Reihe am späten Nachmittag oder am Abend üben möchtest, so lasse die Rückenschaukel weg. Komme stattdessen hoch, indem Du Dich sanft über die Seite hochrollst.

Namaste

Diese Reihe in Bildform findest Du vorne im Buch ab S. 68.

Runterkommen und Entspannen

Dreieckhaltung – trikonasana

einfache Variation: Hand an Hosennaht und heruntergleiten lassen, in der Seitdehnung bleiben, Gegenarm hoch zur Decke/Himmel, Blickausrichtung „unendlich", evtl. obere Hand gedreht.

nach unten schauender Hund – adho mukha svanasana

Stelle Deine Arme nach vorne auf dem Boden auf.

Die Fersen gehen ein wenig vom Boden, die Hände sind vollflächig auf dem Boden, die Hände und Arme sind parallel.

Die Beine sind zunächst leicht angewinkelt in den Knien. Wenn es geht, kannst Du sie durchdrücken.

Den Rücken halte lang mit der Vorstellung „meinen Po schiebe ich hoch zur Decke".

Stelle Dir vor, Du bist ein Hund, der sich lang dehnt.

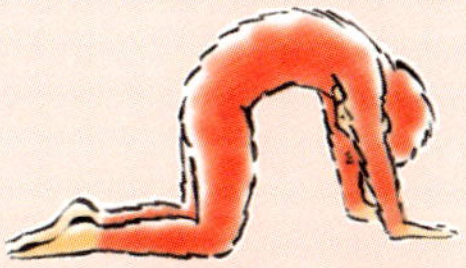

Katzendehnung I: Katzenbuckel – majariasana

Gehe in den Vierfüßlerstand. Achte darauf, dass Deine Handgelenke unter den Schultern stehen und Deine Knie unter den Hüftgelenken. Die Arme sind lang und die Ellbogen gerade.

Schiebe nun einen „Buckel" hoch, lasse den Kopf dabei locker hängen. Die Arme bleiben lang.

In der Gegenbewegung bleiben Deine Arme lang. Lasse nun Deinen Bauch durchhängen.

Katzendehnung II: Katzenpfoten dehnen – majariasana Variation

Bleibe im Vierfüßlerstand, wie beim „Katzenbuckel" beschrieben.

Dehne nun nach hinten bzw. vorne lang heraus je ein „Vorderbein" (einen Arm) und ein „Hinterbein" (ein Bein von Dir). Dehne Dich lang, wie Katzen es machen.

Dann wechsle die Seiten.

Vorbeuge im Sitzen – pashimottanasana

Komme in den Langsitz, d.h. setze Dich auf Deine Matte und strecke beide Beine lang nach vorne aus. Bringe mit einer Einatmung beide Arme lang nach oben, strecke Dich dabei auch im Rücken lang nach oben und lege Dich dann auf Deinen Beinen ab. Deine Hände greifen an die Unterschenkel oder an die Füße, je nachdem, wie weit Du herunter kommst. Halte diese Position und atme fließend und ruhig weiter ein und aus. Versuche die Beine gestreckt zu lassen. Lasse den Kopf, Nacken und Zunge locker. Aus der Haltung komme langsam, indem Du Dich wieder aufrichtest, langsam beginnend im unteren Rücken, zum Schluss richte den Kopf wieder auf.

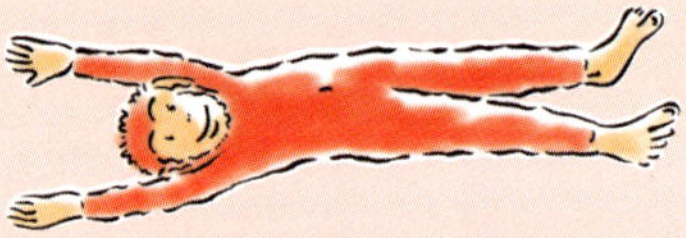

Ganzkörperdehnung

Begebe Dich in die Rückenlage. Führe beide Arme lang nach hinten hinter den Kopf. Dehne Dich nun lang, indem Du über die Handballen nach hinten oben und gleichzeitig über die Fersen nach unten vorne dehnst.

Variationen findest Du in der zweiten Reihe auf Seite 14.

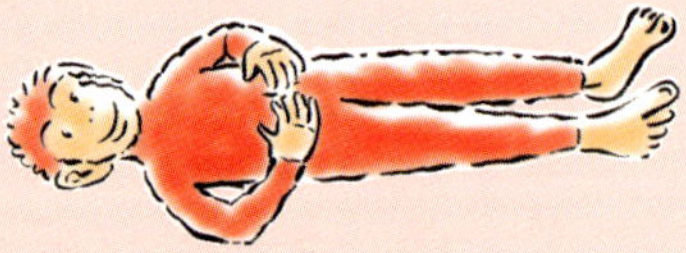

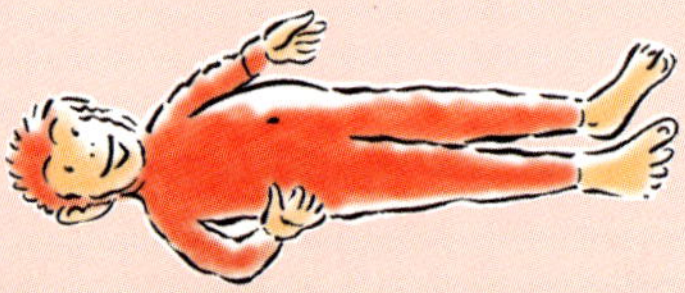

Luftballon-Atmung (Yoga-Vollatmung)

Bleibe in der Rückenlage und stelle Dir bei dieser Übung bei jedem Atemzug vor, Du wärst ein Luftballon, in den Luft einströmt.

Lege beide Hände auf den Bauch, ungefähr in der Bauchnabelgegend.

Einatmend hebe nun ein wenig Deine Hände mit dem Bauch.

Ausatmend lege sie wieder auf dem Bauch ab.

Wiederhole das ca. 8x, atme dabei ganz ruhig, langsam und gleichmäßig. Dann öffne einatmend die Hände, die Arme werden seitlich leicht angehoben.

Bringe sie mit der Ausatmung zurück an bzw. auf den Bauch.

Wiederhole dies ca. 8x, atme dabei ganz ruhig, langsam und gleichmäßig.

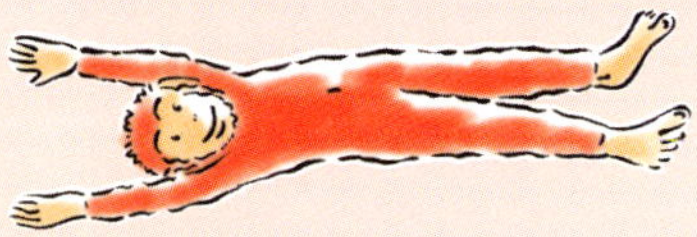

Nun hebe einatmend Arme und Hände nach hinten (in Rückenlage: quasi wie im Western: „Hände hoch"). Wenn möglich, kannst Du die Arme auch hinten ablegen.

Ausatmend führe die Arme jeweils zurück.

Wiederhole auch diese Variation ca. 8x. Atme dabei tief, aber langsam und gleichmäßig.

Lege dann die Arme seitlich neben dem Körper ab. Die Handflächen können nach oben zeigen oder die Hände liegen seitlich auf den Handkanten.

Atme bewusst in Bauch, Brust und bis unter die Schultern ein und aus.

Dabei kannst Du einen positiven Gedanken mit der Ein- und Ausatmung verbinden.

Zum Beispiel: EIN: Ich bin gut. AUS: Ich schaffe es.

Wiederhole auch diese letzte Variante ca. 8x.

Atme dabei tief, aber langsam und gleichmäßig.

Sitzen in der Stille – sukha-asana (Schneidersitz) oder padmasana (Lotussitz)

Nimm mit allen Sinnen offen wahr, was Du hören, riechen, spüren, sehen und fühlen kannst. Versuche so lange wie möglich nur zu spüren und (noch) nicht zu handeln. Schon acht bis zehn Atemzüge lang ist das interessant. Nach spätestens zwei Minuten kannst Du diesen Teil der Übung beenden.

Namaste

Und nun geht's weiter, ganz entspannt und locker.

Thomas Bannenberg

selbstständiger Yogalehrer BDY/EYU, Diplom-Sozialpädagoge.
Autor mit zahlreichen Publikationen, unterrichtet Yoga seit 1985, Kinderyoga seit 1986.
Konzipierte bereits 1989 die erste didaktisch fundierte Ausbildung im Yoga für Kinder,
Webmaster der Informationsseite www.kinderyoga.de und Leiter der Kinderyoga-Akademie.
Vater von vier Kindern, lebt mit seiner Familie in Heidelberg.

Beate Glet

Diplom-Kommunikationsdesignerin nach Studium in Hamburg mit Schwerpunkt Illustration.
Danach viele Berufsjahre zunächst angestellt in Werbeagenturen, später freiberuflich.
Vom vielen Zeichnen tat der Rücken weh und so landete sie vor 20 Jahren beim Yoga.
Was erst nur als Ausgleich für beruflichen Stress gedacht war, hat sich zum 2. Berufsweg entwickelt. Yogalehrerausbildung bei Anna Trökes mit BDY-Abschluß.

Bücher über Yoga und Kommunikation

„Das grosse Yoga-Buch" – das moderne Standardwerk zum Hatha-Yoga von Anna Trökes, Verlag Gräfe und Unzer, aktualisierte Auflage 2010, ISBN: 978-38338-1865-3.

Wirklich ein Standardwerk, das traditionelles Yoga-Wissen mit modernen Erkenntnissen aus Medizin und Rückenschule verbindet. Geschichte, Philosophie und Übungen aus verschiedenen Yoga-Traditionen begleiten Anfänger, Fortgeschrittene und Yogalehrer über Jahre.
Besonders ausführlich werden die Grundhaltungen beschrieben.

„Yoga – Mehr Energie und Ruhe" von Anna Trökes, Gräfe und Unzer Verlag, aktualisierte Auflage 2010, ISBN: 978-3-8338-1974-2.

Deutschlands meistgekauftes Yogabuch.

„Der Stammbaum des Yoga: 5000 Jahre Yoga – Tradition und Moderne" von Mathias Tietke, Theseus Verlag, 2007, ISBN: 978-389620-199-7.

Fundierte, leicht lesbare Geschichte des Yoga, beginnend in der heutigen Zeit mit den bekannten Yogarichtungen bis zu den legendären Anfängen.

„Über Freiheit und Meditation. Das Yoga Sutra des Patanjali. Eine Einführung" von TKV Desikachar, Verlag Via Nova, 2006, ISBN: 978-3928632-30-0.

Angenehm moderne Sprache, leicht zu lesen.

„Der Yogaleitfaden des Patañjali: Sanskrit/Deutsch", Reinhard Palm, Reclam Verlag, 2010, ISBN: 978-31502-0197-8.

(Fast) wörtliche Übersetzung mit vielen nützlichen Hinweisen zum Selbst-Studium.

„Yoga – Was Sie schon immer wissen wollten" von Anna Trökes, Theseus Verlag, 2005, ISBN: 389620-267-7.

Kleines feines Nachschlagewerk und Lesebuch.

„Gewaltfreie Kommunikation" von Marshall Rosenberg, Junfermann Verlag, Münster, (3. Auflage) 2004, ISBN: 978-387387-454-1.

Die Gewaltfreie Kommunikation ist die verlorene Sprache der Menschheit, die Sprache eines Volkes, das rücksichtsvoll miteinander umgeht und die Sehnsucht hat, in Balance mit sich selbst und anderen zu leben.
Mit Geschichten, Erlebnissen und beispielhaften Gesprächen macht Marshall Rosenberg in seinem Buch alltägliche Lösungen für komplexe Kommunikationsprobleme anschaulich.

„Das innere Team in Aktion" – Praktische Arbeit mit dem Modell, von Friedemann Schulz von Thun und Wibke Stegemann, Rowohlt Taschenbuch, ISBN: 3499-61644-0.

Sehr interessanter Ansatz zur Klärung der eigenen Antriebe und Blockaden - und der unserer Mitmenschen, gleich welchen Alters.

Literatur und Weblinks

Bücher zum Kinderyoga

„Yoga für Kinder" von Thomas Bannenberg, Gräfe und Unzer Verlag, September 2005, ISBN:3-7742-6984-X.

„Der Klassiker", meint das Yoga Journal.

„Yoga mit Babar" von Laurent de Brunhoff, Verlag Knesebeek, 2004, ISBN 3-89660212-8.

Der „berühmte Elefanten-König" zeigt „elefantösen Yoga".

„Yoga für Kinder – Spiel und Spass für 3- bis 11-Jährige" von Bel Gibbs, Urania-Verlag, 2005, ISBN: 3-332-01688-1.

Der Titel ist Programm. Umfangreich, reich bebildert und dadurch anschaulich.

„Yoga mit Kindern" von Mark Singleton, Verlag Nymphenburger, 2004, ISBN 3-48501001-4.
Ebenfalls sehr gutes Praxisbuch zum Yoga verstehen und üben.

„Von Kopf bis Fuß" von Eric Carle, Gerstenberg Verlag, 2010, ISBN: 978-38369-4923-1.

Anregendes Bilderbuch zum Nachmachen für Kinder ab 2 Jahren vom Autor/Zeichner der legendären „Raupe Nimmersatt".

Fast alle deutschsprachigen Kinderyoga-Bücher gibt es auf www.kinderyoga.de unter dem Link „Bücher".

Weblinks

www.kinderyoga.de
Informationen rund um Kinderyoga, Liste der Kinderyogalehrenden in D-A-CH, Aus- und Fortbildungen, Arbeitskreise, Bücher, Praxistipps und mehr.

www.yoga.de
„Berufsverband der Yogalehrenden in Deutschland", BDY e.V., berufsverbandliche Interessensvertretung, Fort- und Weiterbildungen, Zeitschrift „Deutsches Yoga-Forum".

www.3HO.de 3HO ist die Organisation für Kundalini-Yoga nach Yogi Bhajan.

www.yoga.at YOGA Austria, Berufsverband der Yogalehrenden in Österreich (BYO).

www.yoga.ch yoga schweiz, Berufsverband der Yogalehrenden.

www.swissyoga.ch Schweizer Yogaverband.

www.YogaKosmos.de
Yoga-Quellentexte, Ausbildungs- und Unterrichtsmaterialien, grosse Auswahl an Kinderyoga-Büchern, Bücher zu Philosophie und Praxis, Sprachbücher, seltene Ausgaben und Antiquarisches.

www.bausinger.de
Hilfsmittel für das Yoga-Üben. Spezielles Angebot an Matten und Sitzkissen für Kinder und weitere Informationen zum Thema „Kinderyoga".

Mehr von Yogichi?

Klicke auf www.kinderyoga-akademie.de/yogichi.html,
dort findest Du weitere Artikel und Produkte rund um Yogichi und Yoga.

Das Kartenset zu diesem Buch

Postkartengroße Bildkarten, in einer stoßfesten Blechbox, ermöglichen Dir, die Reihen aus dem Buch zu legen oder selbst eigene Reihen mit Yogichi zusammen zu stellen.
Eine Anleitung dazu liegt bei.

Das Posterset

Alle großen Bilder aus diesem Buch kannst Du als Poster-Set bestellen zum Aufhängen zu Hause oder in Deinem Yogaraum.

Außerdem gibt es von und mit Yogichi Postkarten, T-Shirts, Aufkleber ...

Immer wieder etwas Neues von Yogichi?

Jeden Monat ein neuer Yoga-Cartoon mit Yogichi auf http://www.kinderyoga-akademie.de.

Aus- und Weiterbildungen

Mehr Informationen zu den Aus- und Weiterbildungen im Kinderyoga in Deutschland, Österreich und der Schweiz mit Thomas Bannenberg findest Du hier: http://www.kinderyoga-akademie.de.

Noch mehr Yoga-Reihen?

Aus der Praxis – für Deine Praxis:
jede Menge Stundenbilder, sortiert nach Alter, Thema, Ort: http://www.kinderyoga-onlinebuch.de.

Leitfaden

„Leitfaden für freie unterrichtende, beratende und therapeutische Berufe"
http://www.leitfaden-online.de „... steht alles drin, was man braucht".

„Respektiere die Unvollkommenheit. Deine eigene und die der anderen".

Das Leichte ist richtig.
Beginne richtig, und es ist leicht.
Fahre leicht fort, und es ist richtig.
Der richtige Weg, das Leichte zu finden, ist,
den richtigen Weg zu vergessen
Und zu vergessen, dass er leicht ist.

Dschuang-Tsu

Yoga ist gut für den Menschen

Und zwar für Menschen gleich welchen Alters:

Kinder profitieren durch die Yoga-Praxis, weil ihr natürlicher Bewegungsdrang gefordert und gefördert wird. Durch die unterschiedlichen Haltungen des Yoga kann das Kind sich und seiner Umwelt Ausdruck geben. Bewegung und Stille ergänzen sich im Yoga und so wird eine gesunde Entwicklung des Kindes gefördert.

Jugendliche erleben sich im Yoga ganz. Sie spüren ihre Kraft und lernen sie zu steuern. Meditative Übungen klären den Geist und geben Sicherheit in Phasen der Orientierung und Suche.

Erwachsene bewegen sich zumeist wenig und haben dennoch viel zu tun. Belastender „Stress" ist Teil ihres Alltags. Hierzu bietet der Yoga beste Alternativen durch die Abfolge der Haltungen. Der Körper kommt so (fast ohne Anstrengung) in Bewegung. Übungen zur Vertiefung der Atmung beruhigen den Geist und schaffen Entlastung für den Alltag.

Yoga kann aber nicht nur in jedem Alter begonnen werden - Yoga kann tatsächlich auch dazu führen, dass ein langes und gesundes Leben möglich wird. Und dazu braucht es nur wenig: 5 Minuten am Tag und ein freier Platz daheim oder im Garten. Legen Sie los mit den Reihen ab Seite 10.

„Jedes bewusste Tun ist Yoga."

Sri Aurobindo, indischer Yoga-Gelehrter (1872-1950)